RENSEIGNEMENTS

TRANSMIS D'AMÉRIQUE

SUR LA SITUATION ET LA RÉORGANISATION DE

L'ATLANTIC AND GREAT WESTERN COMPANY

PAR

M. ED. NŒTZLIN

1875

NOTES

SUR L'ÉTAT DE

L'ATLANTIC AND GREAT WESTERN COMPANY

ET SUR SA RÉORGANISATION

I.

M. Nœtzlin dit que la première question à examiner est celle-ci :
» Quelle loi autorisera jamais la réorganisation de l'Atlantic and
» Great Western Company. On n'a jamais trouvé de réponse à ce
» sujet et la question a été posée pour être soumise ici aux avo-
» cats. — Cassel, comme je vous l'avais écrit, fait la même objection.
» — Or, je croyais que rien ne serait fait jusqu'à ce que vous ayez
» reçu mes avis, et je commence aujourd'hui à vous donner quelques
» renseignements. La Compagnie, dont la propriété est située dans
» les United States et non dans le Canada, comme celle du Grand
» Trunk (que M. MacHenry cite comme exemple), ne peut avoir
» son siége et par conséquent son Board qu'en *Amérique* et, selon
» toute probabilité, seulement en *Ohio*. — La loi de cet État exige
» irrévocablement que la majorité du Board soit composée de citoyens
» de l'État, et les *actions* d'une Compagnie sont toujours nomina-
» tives, et responsables vis-à-vis des créanciers anciens et nou-
» veaux de celle-ci pour un montant égal à leur capital.

» La loi d'Ohio ne permet probablement pas de faire un prorata pour
» le droit de vote. Aucune réorganisation ne serait possible si elle
» ne satisfaisait pas toutes les anciennes dettes (dans cette catégorie

» rentreront probablement les Leased Lines bonds et Western Exten-
» sion bonds) excepté au moyen d'une forclusion hostile qui ne
» peut être faite que par l'Ohio mortgage, parce qu'on commencera
» ici par attaquer la validité des trois Consolidated mortgage bonds
» comme mortgage.

» Ceci sous toute réserve, je vous en reparlerai quand j'aurai ap-
» profondi la question.

» J'ai causé un peu avec Hodgskin de ses idées de réorganisation. J'en connais un argument, qui consiste à renverser la réorganisation de 1871 (faite par MacHenry et Bischoffsheim) qui, selon lui, et selon l'avis des avocats d'Ohio, serait aussi illégale que celle qui est proposée maintenant. Comme cet argument est déjà assez connu en Ohio, cela peut créer à MacHenry des difficultés énormes.

» Toute la ligne appartiendrait à l'ancien mortgage qui a été continué, comme vous savez, aux 2 1/2 0/0 d'anciens bondholders qui n'ont jamais pris part à la réorganisation 1871, et aux détenteurs de la dette flottante depuis cette époque! Seulement, Hodgskin est très-mystérieux pour la seconde partie de son plan, qui est la partie essentielle.

» En tous cas, Hodgskin ne participera pas à la réorganisation MacHenry et continuera à poursuivre son plan pour le Rolling Stock seul. »

(Lettre du 29 mai 1875, p. 2, 3, 4, 5, 6.)

II.

« Les trois autorités auxquelles je me suis adressé pour avoir des renseignements sur l'Atlantic and Great Western et à qui j'ai parlé sans réserve, sont : Hodgskin, Butler et Meyer.

» Je vous ai déjà donné l'opinion d'Hodgskin.

» Butler énumère les difficultés que je vous ai télégraphiées hier, mais croit que si on en tenait compte, et si les bondholders ont donné leur agrément, la chose sera valide et on ne pourra plus y revenir; cependant, comme homme d'affaires, Butler trouve la chose ridicule et absurde.

» Meyer, qui confirme absolument les difficultés légales, croit davantage à la possibilité de l'exécution.

» La question se résume comme ceci :

» Vous aurez une Compagnie américaine, dont la direction vous échappera absolument, votre Board de Londres sera une simple illusion, une étiquette pour tromper les Anglais ; la majorité des voix restera très-probablement dans les mains des sécurités de basse classe et, finalement, vous encourrez une responsabilité pour un montant égal à la dette flottante dans une entreprise de *MacHenry*, et cette dette flottante se produira, restera à savoir si vous pouvez vendre votre paquet de 1 1/2 millions $ actions, avant !

» Peut-être y aura-t-il moyen de tourner cette difficulté de la responsabilité qui me semble la plus formidable, en prenant le stock au nom de personnes irresponsables et pour le vote, comme je vous ai dit, Meyer croit que cela pourrait encore s'arranger.

» Il n'y a pas de doute que MacHenry ne sache tout cela très-exactement, mais il se garde bien d'en parler, et il passe outre, comme il a fait toute sa vie.

» Si nous pouvons surmonter toutes ces difficultés et obtenir l'agrément des bondholders, je suis très-inquiet au sujet de la validité de tout cet arrangement malgré l'opinion de Butler. Et puis, n'oubliez pas que Hodgskin mettra en exécution, pour le compte du Rolling Stock, son projet que Butler croit bon. — Il y a aussi une considération, c'est que Hodgskin s'est rallié beaucoup de monde en Ohio (avocats, juges, etc.); par suite de l'arrangement avec l'Atlantic and Great Western, pour le loyer, il est devenu très-ami avec Devereux, qui ne veut plus servir ni MacHenry, ni Barlow et se mettrait volontiers à *notre* disposition. »

(Lettre du 2 juin 1875, p. 24, 25, 26, 27, 28.)

III.

» Dans les affaires de l'Atlantic and Great Western, il n'y a rien de neuf, si ce n'est que Meyer, de concert avec Devereux, est parvenu à rompre le lease du Niles and New-Lisbon and Liberty and Vienna.

Vous savez que l'Atlantic and Great Western est le propriétaire absolu de ces deux lignes (stock et bonds) et les a données en nantissement aux I Leased Lines bonds. Les lignes ont alors été fusionnées avec l'ancien Cleveland Mahoning Rail Road, qui s'appelle depuis Mahoning Valley. L'ancien lease avec le Cleveland Mahoning donnait à l'Atlantic and Great Western un bénéfice net de 300,000 dollars par an et on l'a donc maintenu malgré la fusion. Mais pour mettre la Compagnie du Mahoning Valley (fusionnée) à même de gagner assez pour payer les intérêts des 5,500,500 dollars aux I Leased Lines bonds, il fallu arranger les baux avec le Niles and New-Lisbon and Liberty and Vienna, de manière à couvrir le déficit. Ainsi, ces deux Compagnies, qui ne donnent actuellement presque aucun revenu net, ont été louées :

Le Liberty et Vienna. . . . . . . 50,000 dollars par an
Le Niles et New-Lisbon . . . . . 200,000 — —

C'est très-embrouillé; la rupture de ces contrats de bail profite beaucoup aux Ohios bonds, qui ont l'ancien lease du Cleveland Mahoning comme garantie. — Mais pour l'Atlantic and Great Western consolidé, qui a l'obligation des 1 bonds, ce n'est d'aucun bénéfice, si cela ne donne pas de perte. Les lignes, qui n'ont ni équipement, ni administration à elles, ont été exploitées jusqu'ici par l'Atlantic and Great Western, — les baux rompus; — le Mahoning consolidé devrait les exploiter, mais il ne le veut ni ne le peut pas — de sorte que nous ne savons pas ce qu'elles vont devenir, et pourtant c'est la propriété de l'Atlantic and Great Western.

» Au sujet des Ohios, il faut que je vous fasse remarquer une chose très-importante. Vous m'avez toujours dit qu'en cas d'urgence, on trouverait sans faute l'argent pour rembourser les Ohios, et même que vous préféreriez les rembourser à leur échéance au pair plutôt que de devenir acquéreurs des bonds même au-dessous du pair.

» Mais en quelle qualité les rembourseriez-vous dans ce cas? quelle sécurité auriez-vous? L'Ohio mortgage cessera d'exister de ce jour, il ne faudrait pas compter que vous puissiez rentrer dans cette hypothèque pour la prolonger; il faut l'assentiment de *tous* les bondholders ou un décret de la Cour d'Ohio qui ferait loi pour les quelques 0/0 qu'on ne trouverait pas; — mais la moindre résistance vous rend la chose impossible, et dans ce cas vous deviendriez pour les 2,400,000 dollars de simples créanciers de l'Atlantic and Great Western en banqueroute !

» Vous voyez le danger et il approchera vite. Il n'y a que deux moyens d'y échapper: ou devenir vous-mêmes les propriétaires des Ohios (dans ce cas vous toucheriez l'argent l'année prochaine, ou vous saisiriez vous-mêmes le chemin), ou il faut qu'une nouvelle compagnie se forme et soit établie avant cette époque pour pourvoir à ce remboursement.

» Meyer est toujours d'avis que le groupe Barlow MacHenry a acheté de ces bonds et produit la récente hausse; mais il ne croit pas qu'ils les contrôlent, et il ne croit pas non plus que Gould y ait un intérêt.

» Je ne sais pas où vous en êtes maintenant avec MacHenry et sa réorganisation, mais, en tous les cas, le jour où vous verrez que ses projets tombent dans l'eau, il faudra vous occuper de la question des Ohios, en parler sérieusement à Bischoffsheim et aller à Amsterdam. »

(Lettre du 5 Juin 1875, p. 31, 32, 33, 34 et 35.)

IV.

» Si vous croyez à une réussite du plan, je crois que je pourrais faire avancer votre cause ici.

» Devereux, ainsi que tous les directeurs en Ohio, ont grande peur et sont décidément fatigués des machinations de MacHenry; — ils cherchent seulement un appui puissant pour se mettre en révolte ouverte. Comme ce monde-là a actuellement le pouvoir dans la main, je crois que je pourrais les utiliser pour obtenir d'eux un règlement favorable de notre position. Si l'affaire MacHenry ne doit pas réussir, ce serait déjà un grand pas en avant : réfléchissez-y. En attendant, je me mettrai dans les meilleurs termes avec Devereux.

» Il a été décidé parmi les directeurs en Ohio de déléguer Upson pour examiner les comptes Bischoffsheim et Goldschmidt et MacHenry à *Londres*. — On prépare tous les documents pour lui et il doit partir prochainement. Upson est un vieil avocat très-fin et qui veut faire la guerre à mort à Bischoffsheim et Goldschmidt.

(Lettre du 19 juin 1875, p. 66 et 67.)

V.

Dans votre lettre du 9 courant, vous me dites que MacHenry fait quelques progrès et cherche à éviter les difficultés légales que je vous ai signalées. Les changements qu'il a en vue répondent certainement à quelques-unes de mes objections, mais pas à toutes. J'affirme qu'il est impossible d'avoir le Board entier ou même une partie en Angleterre.

Il faut que le Board soit américain, et composé dans une certaine proportion de citoyens des différents États traversés par le chemin. Ce que MacHenry veut instituer, c'est ce qu'on appelle une *Commission des finances*, mais cette Commission n'aurait jamais un mot à dire dans la Compagnie, ce ne serait qu'une étiquette pour tromper le public.

Ensuite de qui serait composée cette Commission? Tyler en aurait-il la présidence? Je pensais que sa composition serait publiée de suite pour pousser à des dépôts de bonds. Autrement, cela durera une éternité s'il faut attendre que vous ayez seulement réuni 50 0/0 des I mortgage bonds sous le drapeau de MacHenry, et je suis convaincu qu'il faudra une autre combinaison pour constituer une grande majorité.

Vous me parlez d'une avance contre nantissement de I mortgage bonds que MacHenry achèterait, mais comme ceci serait une affaire excessivement importante, il faudra bien considérer cette question de tous les côtés; le prix de 25 ou 30 pour ces bonds n'est certainement pas cher, même dans les plus mauvaises circonstances; mais ce sera une affaire très-longue, qui amènera des complications très-embarrassantes, et je me demande encore s'il n'est pas préférable de recourir à des mesures plus simples, soit à une réorganisation honnête après l'échec de MacHenry, qui est probable si on le prive de soutien, soit en recourant au plan d'Hodgskin resté en suspens par suite de ses démêlés avec Bischoffsheim et Goldschmidt.

Je vous ai donné quelques indications sur le plan de Hodgskin, il m'a été impossible d'obtenir de lui des renseignements plus détaillés en raison de vos négociations avec MacHenry qui le rendaient circonspect et de son départ pour Londres. Au reste, vous devez maintenant l'avoir vu et obtenu de lui des informations précises.

Hodgskin a été arrêté dans sa campagne contre l'Atlantic and Great Western par les vacances de la Cour, qui dureront jusqu'en septembre; à ce moment, je suppose que rien ne l'empêchera plus de faire ce qu'il considère comme son devoir dans l'intérêt du Rolling Stock.

Cela ne sera certainement pas favorable à la réorganisation de Mac Henry; cela causera au moins du retard si cela n'anéantit pas cette maison de cartes. Cette perspective, il me semble, doit faire écarter toute idée de soutenir MacHenry énergiquement au moyen d'une avance sur des bonds, n'importe à quel prix.

Si Hodgskin réussit, les I mortgage auront devant eux environ 6 millions; composés des Ohios, de toutes les créances ouvertes ou non ouvertes, et peut-être des anciens Reorganisation bonds.

Il resterait alors 15 millions de I mortgage, plus les coupons échus, soit 17 millions, qui représentent à 30 0/0 5 millions, ou 12 pour la valeur du chemin après paiement des priorités ci-dessus.

Comme je vous l'ai déjà dit, ce n'est pas la sécurité matérielle qui m'effraie dans ces affaires : étant donnés ces bas prix, elle existe, mais ce que je redoute, ce sont les complications et la durée.

Comme je suppose que vos entrevues avec Hodgskin auront pour résultat de vous amener à suivre une marche décisive pour ou contre MacHenry, je vous signale l'importance que pourrait avoir une régularisation favorable de notre position en qualité de créanciers; on pourrait peut-être l'obtenir de la Cour d'Ohio par l'entremise de Devereux. Il est évident qu'en cas de réussite de Mac-

Henry, nous n'en n'avons pas besoin, pas plus que pour le plan d'Hodgskin, qui ne combattrait que pour la créance telle qu'elle, mais pour toute autre combinaison ou réorganisation, cela devient nécessaire.

(Lettre du 23 juin 1875, p. 69, 70, 71, 72, 73, 74, 75.)

VI.

En réponse à votre dépêche du 24 juin, je considère un achat ou un prêt sur Atlantic and Great Western comme impossible aussi longtemps que la Compagnie Atlantic and Great Western n'a pas d'argent pour rembourser les Ohios; car, comme je vous l'ai déjà écrit, vous ne devez pas penser qu'au dernier moment vous pourrez prêter de l'argent à l'Atlantic and Great Western pour faire face à cette échéance. L'Ohio mortgage ne pouvant pas être prolongé sans le consentement de tous ces bondholders, l'Atlantic and Great Western ne pourrait vous donner aucune sécurité pour cette avance qui la sauverait de la forclusion, mais vous mettrait dans la position de simples créanciers. Si donc nous arrivons à l'époque de l'échéance de ces bonds sans qu'aucune Compagnie réorganisée ait le moyen de les rembourser, la seule mesure à prendre serait d'*acheter* les Ohios bonds eux-mêmes au pair, aux bondholders, et de se mettre aux lieu et place de ces derniers. Meyer me dit maintenant que, dans ce cas, il les céderait; mais qui me garantit qu'à ce moment les bondholders, sachant que l'Atlantic and Great Western ne peut pas payer et que nous ne pouvons pas lui prêter, ne préféreront pas faire usage eux-mêmes de leur droit et se rendre acquéreurs de la Compagnie à la vente publique, plutôt que de recevoir la contre-valeur de leurs bonds par transaction privée.

En outre, qui me garantit que *default* ne sera pas déjà fait à leur échéance? Si l'état actuel continue, si le Receiver, qui n'a pas de revenu net et qui est obligé d'endetter la ligne de plus en plus, avec l'autorisation de la Cour, pour payer les baux, le rental du Rolling Stock et les coupons des Ohios, lasse la Cour, elle finira par lui refuser l'autorisation d'emprunter. Que deviendront alors les mortgage bonds ?

Il faut enfin prendre en considération le plan d'Hodgskin !

Tout ceci constitue un ensemble d'objections sérieuses, mais, en outre, il y a une autre considération : c'est que cette opération, en nous aidant d'un côté, tournerait de l'autre directement contre nous. Si vous vous rendez maintenant acquéreurs des I mortgage bonds, c'est pour aider MacHenry; mais alors, vous aurez deux intérêts absolument différents, vous aurez contribué à rendre notre ancienne position meilleure ; mais à côté vous en acquerrez une nouvelle plus importante, dont les intérêts seront absolument opposés à la première. Personne n'est aussi maltraité, dans le plan de MacHenry, que les I mortgage bonds, et personne n'est plus fondé et n'a plus de force qu'eux pour lui faire opposition !

En effet, prendriez-vous des I preferred stock pour les I mortgage bonds que vous achèteriez maintenant 25 ou 30 ? Je ne le pense pas ; mais quelle voie vous resterait ouverte alors ? Je n'en vois pas.

Ce que je conseillerais plutôt, vu les prix actuels, ce serait le troc des II contre des I ; mais seulement au cas où la position des créanciers n'aurait pas de préférence sur celle de bondholders consolidés, et que les I mortgage holders soient unis et décidés à lutter contre MacHenry.

Si réellement vous étiez décidés à donner encore de l'argent, je reviens à mon ancien conseil ; achetez des Ohios, c'est la seule véritable puissance dans cette affaire ; et l'argent qu'on y mettra ne courra pas de risque.

(Lettre du 26 juin 1875, p. 79, 80, 81, 82.)

VII.

Répondant à la seconde partie de votre lettre du 21 juin, je trouve à redire en deux points ; d'abord au sujet de la position que vous croyez pouvoir acquérir par un gros achat de I Mortgage Atlantic and Great Western ; ensuite au sujet de ce que vous me dites sur les Ohios.

Précédemment je vous ai démontré que, par un achat de I, vous vous créez un intérêt opposé à celui que vous avez actuellement comme porteur de II, du moins aussi longtemps que vous voulez soutenir MacHenry. Si vous voulez combattre MacHenry et devenir indépendants, peut-être alors *avec une bonne entente avec les Ohios*, y aurait-il quelque chose à faire dans cette voie : c'est-à-dire que nous deviendrions possesseurs de nos II par l'aide de Devereux, que nous établirions le reste de notre créance ouverte, que nous vendrions ensuite nos II, et achèterions des I ; — mais tout cela, bien entendu, seulement si nous avons un arrangement avec les Ohios. Alors nous n'aurions plus que Hodgskin à combattre, et avec lui j'arriverai bien à une entente.

Actuellement, si j'étais porteur de I, je craindrais bien plus les Ohios que Hodgskin avec toutes ses finesses, car le procès de ce dernier demandera beaucoup de temps ; au lieu que l'action des Ohios vient subitement. Mais y a-t-il une entente possible avec les Ohios ? voilà ce que je demande. Bien qu'il me soit à moi, et ici même, difficile d'être bien informé à ce sujet, j'ai obtenu de Meyer copie de deux lettres très-intéressantes pour nous ; je vous les envoie et vous prie de les prendre en sérieuse considération. Les signataires de ces lettres sont les avocats des Ohios bondholders ; ils sont en même temps directeurs de l'Atlantic and Great Western, et sont les gens les plus influents, tant sur la Cour d'Ohio que sur Devereux.

Ce dernier doit arriver ici bientôt, et je verrai ce que je pourrai obtenir de lui pour notre créance, par voie d'arrangement.

Mais c'est seulement sur la base d'une entente parfaite avec les Ohios que je pourrais vous conseiller d'engager du nouvel argent dans des Atlantic and Great Western I ; et alors pourquoi ne pas le mettre dans les Ohios ?

Permettez-moi de répondre à quelques-unes de vos objections à ce sujet. Vous dites que cela ne vous donne pas de droits immédiats ; êtes-vous donc sûrs que le coupon du 1er octobre sera payé ?

Vous pouvez être convaincus que le chemin *ne gagnera pas* de quoi payer. Le Cleveland, Columbia, Cincinnati and Indianapolis n'a pas de revenu net cette année, et le Lake Shore vient de publier un rapport très-misérable. Or, comme vous savez, la situation de ces deux lignes est meilleure que celle de l'Atlantic and Great Western.

Le paiement des coupons des Ohios ne dépendra donc absolument que de la bonne volonté de la Cour. Si réellement ces coupons n'étaient pas payés, je vous ai déjà démontré le danger qu'il y aurait à attendre jusqu'à la dernière minute pour faire un arrangement avec les Ohios. J'admets la difficulté qu'il y aurait à acheter des Ohios vu la dispersion des titres ; mais quant à la difficulté de l'échange, elle n'existe pas, si vous avez la quantité nécessaire de bonds. Je vous ai montré dans le temps une lettre de Meyer, qui dit clairement que si vous possédez les 3/4 des bonds composant l'Œvel Trust, c'est-à-dire environ 1,500,000 dollars, vous pouvez rompre ce Trust de droit, et prendre possession des bonds authentiques. Cette majorité est en même temps suffisante pour contrôler ici les Trustees.

(Lettre du 3 juillet 1875, p. 90, 97, 98, 99, 100.)

VIII.

D'après ce que j'ai pu apprendre depuis, de plusieurs côtés, et notamment de Hegewish, Devereux ne serait plus dans la disposition de faire quoique ce soit. Il serait très-effrayé des nouvelles complications, et craint surtout toute relation avec MacHenry ou Barlow. Il s'est plaint à Hegewish que tout homme qui a jamais touché à l'Érie ou l'Atlantic and Great Western perd infailliblement sa réputation, et il cherche à la refaire par une grande intégrité et une grande indépendance. Il se borne à exécuter strictement les ordres qu'il reçoit de la Cour comme Receiver, et à défendre la Compagnie contre la ruine totale, qui était bien menaçante pendant les derniers mois d'hiver. Dans de pareilles dispositions, je pense qu'il ne sera guère accessible, et disposé à faire des ouvertures pour l'arrangement de notre position. De plus, il se méfie toujours un peu de nous, ne sachant pas de quel côté nous sommes réellement. Je ne peux pas lui en vouloir, car je n'ai jamais pu le traiter avec franchise. Cependant il est fort possible que cet homme voyant qu'il trouverait de l'appui en Europe change d'idée, et de concert avec les avocats de Meyer qui sont ses amis, soit prêt tout de même à nous accommoder.

Vous avez vu Hodgskin maintenant, et l'affaire Mac Henry doit se dessiner plus nettement, je pense, de sorte que vous êtes certainement en mesure de savoir si Devereux avec son Board et la Cour peut vous être utile ou non et dans quel sens. Dans le cas affirmatif, écrivez-moi et dites-moi ce que vous désireriez. Mon idée avait été dans le temps de nous faire donner les II qui n'ont intrinsèquement aucune valeur dans aucun cas, à un prix de...., de faire établir une créance ouverte pour le reste, et de profiter ensuite des cours actuels pour vendre ces II et acheter des I, si c'est possible. Cela améliorerait considérablement notre position; avec un million des I que nous détiendrions comme propriétaires, il nous est toujours beaucoup plus facile de nous faire respecter dans n'importe quel projet, et, dans le cas où le consolidated Mortgage de Taylor et Dumphy serait renversé comme Mortgage, il nous resterait toujours une grande créance ouverte qui serait bonne. Naturellement, aussi longtemps qu'il y a une possibilité que la combinaison Mac Henry s'accomplisse sur une base légale, nous n'avons pas à nous préoccuper de tout cela.

Maintenant, quant à la condition de l'Atlantic and Great Western, elle est misérable, à ce qu'il paraît. En janvier, février et mars, les recettes ne suffisaient pas pour payer les « operating expenses, » et la Cour était forcée d'autoriser Devereux à emprunter à droite et à gauche. Depuis lors, les affaires ont un peu repris, mais les « rates » sont encore tellement bas, que le revenu net actuel suffit à peine à liquider les dettes les plus pressantes (du Receiver) et payer les taxes. Pour suffire à cela, Devereux est encore forcé de négliger cruellement le maintien de la voie. — Pour toutes les autres choses qu'il est forcé de payer, savoir : intérêts des Ohio bonds, Rental du Cleveland Mahoning et du Rolling Stock, il a fait environ 300,000 dollars de dettes qui restent là comme une première charge, et quand au Rolling Stock, il le paie en certificats comme vous savez.

Le bail du New Niles and Lisbon et Liberty and Vienna est décidément cassé. Je vous envoie sous ce pli encore une autre illustration de ce pauvre Atlantic and Great Western : c'est la copie d'une lettre que j'ai obtenue de Meyer pour vous la communiquer. — Je n'ai pas besoin d'y ajouter quelque chose, elle parle d'elle--même. Seulement je vous prie de garder ces lettres de Oties Adams à Meyer bien secrètement, car elles sont écrites officiellement par les avocats de l'Ohio Mortgage, au représentant et Trustee des bondholders; — il surviendrait de graves inconvénients pour Meyer, si c'était connu.

J'ai causé hier longuement avec un autre personnage qui a indirectement affaire avec l'Atlantic and Great Western. C'est M. Jackson, partner, de Roosevelt and Son. Vous savez que Roosevelt et ses amis ont maintenant, par suite du vote de Swinburne, la direction du Shenango and Alleghany et Mercer Mining C°, et j'ai déjà entendu dire par d'autres personnes qu'ils conduisent très-bien cette affaire, c'est-à-dire bien dans l'intérêt du Shenango and Alleghany.

Je vous avais expliqué cela dans le temps. Les deux Compagnies avaient été fondées par un groupe de personnes de Meadville et des environs, avec l'aide de quelques capitalistes à New-York, qui étaient les Roosevelt et leurs amis, des personnes hautement respectables; — c'était une bonne entreprise qui devait donner de beaux résultats, quand Mac Henry est survenu et a fait un marché secret avec les détenteurs à Meadville pour 14/80 du stock qu'il a payé à un prix exorbitant, c'est-à-dire au pair, ce qui avait coûté originalement 10 c^{s} pour le dollar. A partir de là, l'Atlantic and Great Western en avait le contrôle absolu et exploitait ces lignes à son propre profit; — leur jeu était de ne jamais laisser gagner de dividendes ni au Shenango, ni au Mercer, mais de tenir toujours les « rates », pour le parcours de la ligne principale de l'Atlantic and Great Western, si élevés qu'il ne restât rien à partager entre les Stockholders; évidemment puisqu'ils ne tenaient pas tout le stock, c'était le droit du plus fort qu'ils exerçaient, mais vis-à-vis de la minorité à New-York, c'était une grande injustice, et on voulait forcer la minorité par ce moyen à vendre sa part à vil prix. Le plan était bon pour l'Atlantic and Great Western, mais les complications sont survenues; Swinburne, qui s'est querellé avec les gens de l'Atlantic and Great Western, a mis le pouvoir entre les mains de la minorité, et ce sont les Roosevelt maintenant qui gèrent la propriété au mieux de l'intérêt des Stockholders, mais à la longue au détriment de l'Atlantic and Great Western. Cependant, comme ce sont des gens très-honnêtes, il n'y a pas de danger pour le moment; ce que nous ne toucherons pas sur l'Atlantic and Great Western, nous le toucherons dans les II Leased Lines, comme Stockholders des 14/20 du stock. — Ce sont aussi les Roosevelt qui ont avancé le 1er avril les 28,000 dollars nécessaires pour payer le Mortgage coupon du Shenango, et Jackson me dit que ces deux affaires marchent maintenant si bien, qu'il y a un revenu net de 9,000 dollars par mois, qu'ils ont payé toute la dette flottante léguée par l'Atlantic and Great Western, qu'eux-mêmes ont déjà été remboursés de 20,000 dollars sur les 28,000 et que le surintendant leur avise le reste pour la fin du mois. Jackson prétend qu'à la fin de l'année, ils seront à même de gagner 6 0/0 de dividende dans le Mercer Mining et 20 0/0 dans le Shenango pour l'année prochaine. — Cependant il convient qu'il n'est pas aussi bien au courant que Rob. Roosevelt, que je dois voir demain et qui probablement me montrera les comptes. Si tel était réellement le résultat, cela améliorerait considérablement le sort des II Leased Lines bonds, — mais je ne puis y croire.

(Lettre du 22 juillet 1875, p. 115 à 122.)

IX.

Hier j'ai été favorisé d'un nouveau télégramme au sujet de votre convention avec Hodgskin, et n'ayant pas reçu de dépêche de Butler pendant la journée comme j'espérais, j'étais forcé de vous télégraphier hier soir que je ne pourrais avoir une réponse de ce côté que ce matin : cette réponse m'arrive ce matin : « Je crois juste que Rolling Stock ait priorité, mais puis pas répondre par fil à autre point » d'une manière intelligible. »

« L'autre point » soulevé dans ma lettre à Butler concerne le mérite et les chances de réussite du plan d'Hodgskin, et l'opinion que Butler en a au point de vue de nos intérêts.

Sitôt que j'aurai vu Butler je vous mettrai au courant de sa manière d'envisager la question.

Hier j'ai vu Robert Roosevelt, le vice-président du Shenango et Mercer Mining, qui m'a confirmé ce que m'avait dit Jackson en me donnant de nouveaux détails.

Entre autres, la dette flottante du chemin était, en mars 1875, environ de.. Doll. 26.000
celle du Mercer.. 32.000

Environ .... Doll. 58.000

Cela a été presque entièrement remboursé depuis ; l'avance de 28,000 dollars des Roosevelt pour le coupon du 3 avril est remboursée jusqu'à concurrence de 8,000 dollars.

L'Atlantic and Great Western devait, à cette époque, à la Mercer Mining pour livraison de charbon environ 40,000 dollars, ce qui a été réduit à 25,000 par suite de paiements en *argent* du Receiver Devereux.

L'administration a réduit les salaires et dépenses des deux entreprises de 10,000 dollars par an, et est en train de les réduire encore de 10,000.

Le Shenango payait sous l'ancienne administration à l'Atlantic and Great Western plus de 50,000 dollars par an pour loyer du matériel du Rolling Stock. La nouvelle administration ayant rompu avec l'Atlantic and Great Western a réduit son état de matériel et a fait des contrats directs avec le Rolling Stock à prix réduits, de sorte qu'elle ne paie plus que 22,000 dollars par an de ce chef. Le revenu net des deux propriétés ensemble est donc maintenant de 9 à 10,000 dollars par mois (calculez ceci avec les réductions faites dans les dépenses et rentrées de l'Atlantic and Great Western, et vous trouverez à peu près le montant des dettes remboursées). Une fois tout remboursé, cela fera au minimum par an 100,000 dollars ou 6 0/0 sur le million du capital stock du Mercer et 20 0/0 sur les 200,000 dollars du Shenango.

M. Roosevelt m'enverra bientôt des copies des comptes pour confirmer cet état.

Il m'a dit que actuellement ils étaient en très-bons termes avec Devereux, qui les accommode autant que possible ; cependant, comme son pouvoir peut passer en d'autres mains d'un moment à l'autre, ils doivent prendre des précautions pour ne plus être entièrement dépendants de l'Atlantic and Great Western. Ils ont donc acheté le « right of way » pour 3 milles et demi pour 2,000 dollars, et comptent établir plus tard, si cela est nécessaire, une connexion avec le Lake Shore ; toute la connexion n'aurait que 5 milles de longueur. Voilà la situation de cette affaire, et c'est aux bondholders des II Leased Lines à décider s'ils veulent chercher leur avenir dans l'administration indépendante (*aux dépens de l'Atlantic and Great Western*, bien entendu) ou faire gagner à l'Atlantic and Great Western les bénéfices et déposséder la minorité.

En tous cas, c'est là toute la sécurité que ces bondholders possèdent ; le Pennsylvania Petroleum et le Pithole Valley, quoiqu'ils aient coûté 1,500,000 dollars, dans l'état actuel, non terminés, ne valent pas trois sous : c'est-à-dire qu'il reste encore aux bondholders des II Leased Lines la créance contre l'Atlantic and Great Western de 400,000 dollars, que je considère comme *privilégiée*.

Supposez que vous rentrez dans celle-ci au pair, et évaluez vos 14/20 du capital stock du Shenango et Mercer à un million (puisque vous toucherez 70,000 dollars de dividende) et vous aurez 1,400,000 dollars pour représenter les 3,300,000 dollars qui ont été émis, ce qui ferait environ 45 0/0 pour leur valeur.

(Lettre du 3 août 1875, p. 156 à 159.)

X.

Ce matin, j'ai causé avec Butler au sujet de votre convention avec Hodgskin. Ne sachant pas si cette convention a été signée ou non, Butler ne se trouvait pas autorisé à me développer le plan d'Hodgskin, il confirmait ce que Southmayd m'avait dit au sujet de l'invalidation des Consolidated Mortgages, à savoir que ceux-ci, battus sur le terrain de la légalité, auraient de justes réclamations en équité; mais Butler a ajouté qu'en dehors de cela, il y a autre chose encore dans le plan de Hodgskin, et que c'est précisément son secret. Cependant Butler n'est pas aussi confiant dans les chances de réussite, et même il doute fortement, en admettant que Hodgskin puisse atteindre son but pour le Rolling Stock, que son argument puisse nous profiter également, — nos créances étant deux choses absolument différentes. J'ai déjà appelé votre attention sur ce point, que je considère comme très-important.

Butler attend au premier jour des documents d'Ohio, qui lui permettraient de donner alors une opinion plus précise sur les chances de réussite de la proposition Hodgskin. Quant à la préférence exigée par ce dernier pour sa créance, Butler trouve juste que si, par l'entremise d'Hodgskin, nous obtenons pour notre créance un jugement nous plaçant avant les Mortgages, et notamment avant la créance Rolling Stock, nous cédions cette priorité au Rolling Stock.

En résumé, Butler a une confiance fort limitée dans le succès d'Hodgskin, surtout pour *notre créance;* il trouverait regrettable que vous ayez les mains liées par n'importe quelle convention, et il vous conseille d'entrer dans le plan d'Hodgskin comme pouvant vous mener à bonne fin, mais de garder votre entière liberté d'action.

Il croit toujours qu'une bonne administration serait notre chance de salut, parce qu'il est convaincu que, dans ce cas, nos II Mortgages bonds, ou la sécurité collatérale que nous recevrions, vaudrait sous peu le prix que nous désirons en obtenir. Ceci est d'ailleurs l'idée de tous les « railroad men » indépendants ici, et confirme ce que je vous avais proposé dans le temps.

Dans cet ordre d'idées, Butler m'a parlé d'une combinaison entre les II Mortgage bondholders, comme le meilleur moyen de sauver notre argent selon lui. Réunir ce II Mortgage, faire la forclusion au moyen d'une entente avec les I Mortgage bonds, les II fourniraient les 5 ou 6 millions nécessaires pour le remboursement des Ohios, et la mise en état de la route, par contre, les I consentiraient à réduire leur bond à 50 0/0; — Cela vous ferait un nouveau capital d'environ 30 millions, avec lequel le chemin complétement réorganisé pourrait payer les intérêts. Cependant Butler ne tient pas compte que les II ne pourraient jamais fournir cet argent et ensuite que presque tous les porteurs de II sont en même temps porteurs de III. Cette idée est absolument impraticable.

MacHenry m'a envoyé son nouveau plan; c'est à peu près son ancien *scheme* avec omission de nos intérêts. Pour satisfaire la première année tout le monde qui vient avant nos II Mortgage bonds, il lui faut au delà de 1,600,000 dollars net, plus les taxes et un loyer éventuel de Rolling Stock, car les 7 millions nouveaux de I Morgage bonds ne produiront pas assez pour acheter *tout* le Rolling Stock nécessaire.

Dans l'état actuel des affaires, une administration MacHenry ne sera pas capable d'atteindre ce résultat, et vous pouvez être assurés que les II ne gagneront rien.

Si vous ne pouvez pas obtenir un meilleur rang que simples II Mortgage bondholders, il me semble impossible pour nous de coopérer à ce plan.

Butler vient aussi de me communiquer la lettre qu'il a reçue de Grosvenor P. Lowery, et dont vous trouverez une copie sous ce pli. Elle confirme absolument ce que je vous avais déjà écrit à ce sujet. Cependant je vous répète que ma conviction est que si vous voulez coopérer, *nous pourrons établir* les conditions, et notamment changer l'admission au pied de 45 0/0 des 356 bonds dans les mains des Trustees, si toutefois vous voulez admettre ceux-ci.

(Lettre du 5 août 1875, p. 161 à 166.)

XI.

Concernant l'Atlantic and Great Western, j'ai à vous apprendre une nouvelle qui peut devenir très-grave, et qui exige l'attention immédiate de tous les intéressés. Les 12 ou 1,300,000 Ohio bonds qui ont été échangés, entre des Atlantic and Great Western I Mortage, lors de la réorganisation de 1871, ne sont pas éteints. Les détenteurs de ces bonds étaient des amis de la réorganisation qui ont consenti à la conversion pour faciliter l'opération, mais à la condition seulement que le *tout* serait converti. Ainsi ces bonds ont été déposés chez Duncan en Trust, et n'ont pas été éteints, tandis que les anciens porteurs ont obtenu les Atlantic and Great Western I Mortage en conversion. La question peut surgir maintenant de savoir si ces anciens porteurs ne peuvent pas les réclamer en place de leurs Atlantic and Great Western I, ce qui élèverait le chiffre des Ohios en circulation à 3,700,000 dollars au lieu de 2,416,000 dollars. Naturellement toutes les parties ont intérêt à supprimer une pareille prétention *éventuelle*, et les avocats de Meyer au nom des autres Ohios réclament déjà leur amortissement immédiat. Devereux est attendu lundi, et je ferai mon possible pour le pousser dans cette direction. La condition des anciens bondholders (que je cite plus haut) n'est pas établie clairement, à ce qu'il paraît, et le tout peut être considéré comme une négligence de la part de Duncan, en qualité de Trustee. C'est à peu près la même chose que pour les 1,200,000 dollars des anciens coupons, qui n'ont pas été annulés; seulement là, nous n'avons pas l'appui de Meyer, puisque ces coupons, s'ils avaient une valeur pour une autre Compagnie que pour l'Atlantic and Great Western, seraient en tous cas subrogés aux 2,416,000 dollars bonds.

Je vous envoie deux articles de journaux au sujet de l'Erie, qui vous montreront que l'empire de Barlow est bien ébranlé. Il ne paraît pas impossible que le gouvernement de ce monsieur soit renversé et avec lui toute l'influence de la clique MacHenry et Atlantic and Great Western. Quelle influence cela aurait-il pour nous ?

Pour l'Atlantic and Great Western réorganisé, aucune ; avec la voie étroite, l'Atlantic and Great Western aura trois communications au lieu d'une avec New-York, et ce sera à l'Erie, sous n'importe quelle administration, à faire des efforts pour garder une partie du trafic de l'Atlantic and Western.

(Lettre du 7 août 1875, p. 170, 171, 172.)

XII.

Devereux, qui est venu à New-York et qui est reparti, a dit à Hegewish que MacHenry avait le projet de poursuivre le Rolling Stock au nom de l'Atlantic and Great-Western, pour avoir perçu des loyers trop considérables. Et, le lendemain, Barlow a fait demander au Rolling Stock, quels dividendes ont été payés dans le temps; cela concorde naturellement; mais c'est encore une ruse de MacHenry pour jeter de la poudre aux yeux des Anglais. Cependant, Devereux continue à manifester son aversion pour MacHenry, tout en ayant établi son quartier général chez Barlow.

Entre autres choses, il a communiqué à ce dernier un compte rendu de toutes ses opérations en qualité de Receiver. Je lui ai immédiatement écrit pour lui en demander une copie; il me semble que je suis en droit de l'exiger.

(Lettre du 12 août 1875, p. 196.)

RENSEIGNEMENTS

TRANSMIS D'AMÉRIQUE

SUR LA SITUATION ET LA RÉORGANISATION DE

L'ATLANTIC AND GREAT WESTERN COMPANY

M. Nœtzlin dit qu'il n'y a pas de changement sensible dans les affaires qui, d'ailleurs, en cette saison, se réduisent à fort peu de chose. Les seules personnes dont il soit de quelque intérêt de suivre les mouvements, sont les envoyés anglais pour les affaires Erie et Atlantic and Great Western, c'est-à-dire Morris, Watkins et Lockington Bates.

Ce dernier semble vouloir s'occuper sérieusement de la réorganisation de l'Atlantic and Great Western, au nom du comité des bondholders de Londres. Il est persuadé que leur plan va être mené à bonne fin. Sa position vis-à-vis de Devereux est incertaine. Il importe seulement d'obtenir de ce dernier un compte rendu de ses opérations comme receiver. D'après le compte rendu envoyé de Londres par Mac Henry, l'état de l'Atlantic and Great Western est un peu moins mauvais qu'on n'eût pu le supposer : une bonne partie du Rental Cleveland Mahony a été remboursée sur les recettes. Il semblerait en résulter que la dette du receiver, en dehors des certificats donnés au Rolling-Stock, n'est pas très-grande.

Roosevelt, receiver du Shenango and Mercer a envoyé l'extrait de ses comptes. Il se plaint de l'état des affaires ; les recettes auraient beaucoup diminué d'après lui, et il aurait réduit ses dépenses en proportion, de manière à arriver aux mêmes résultats que l'année passée.

(Lettre du 31 août 1875, pages 198, 199, 200.)

Lockington Bates travaille beaucoup pour la réorganisation de l'Atlantic and Great Western, et affiche, dit-on, une indépendance presque hostile vis-à-vis de MacHenry. Il n'a pas l'air non plus d'être bien disposé envers Devereux. Upson renonce à son voyage à Londres, et par conséquent à son attaque contre Bischoffsheim et Goldschmidt ; on s'est contenté de leur demander compte par écrit.

Devereux, tout en restant fort aimable, refuse la copie des comptes demandés, sous prétexte d'en avoir fait autant à Conybeare et même à MacHenry, et renvoie, pour obtenir des renseignements, soit au clerc de la cour d'Ohio, soit aux trustees des Mortgages, c'est-à-dire à Barlow.

Roosevelt a fourni les comptes du Shenango and Alleghany et du Mercer Mining ; ils sont loin d'être ce qu'il en avait assuré verbalement. Les recettes sont bien pauvres ; les dépenses sont diminuées, il est vrai ; mais peut-être est-ce au préjudice de l'état de la ligne.

(Lettre du 8 septembre 1875, pages 205 et 206.)

L'attitude des gens de l'Atlantic and Great Western ne veut pas encore se dessiner : tantôt Devereux avec ses collègues et avocats veut entrer en guerre ouverte contre MacHenry, que tout le monde traite de filou ; tantôt il dit que c'est inutile de lutter contre ce génie du mal ; cela dépend des nouvelles qu'il reçoit alternativement d'Angleterre au sujet des progrès de MacHenry et de Hodgskin. Il est vrai que MacHenry et ses trustees avancent plus rapidement que l'on ne pensait pour le dépôt des bonds, et si Hodgskin veut présenter une opposition sérieuse, il n'a qu'à se dépêcher. — Pourtant il n'a besoin que de réussir à demi pour avoir l'appui de Devereux et de ses acolytes ; ceux-ci sont bien fatigués du gouvernement

MacHenry ; la défaite de Barlow, qui a donné sa démission de directeur de l'Erie, est pour beaucoup dans ce résultat.

Malgré cela, MacFarland est intimement lié avec Devereux. Est-ce dans l'intérêt de son associé Barlow ; ou devient-il ambitieux et aspire-t-il à jouer, lui aussi, un rôle ? C'est ce que la suite fera voir.

La position de Henry Bischoffsheim est équivoque, après le vote unanime du Comité pour arrangement avec Hodgskin ; son rôle est difficile à expliquer, puisqu'il le soutient et le combat en même temps, à moins qu'il ne soit pas d'accord avec ses représentants.

(Lettre du 23 septembre, pages 217, 218, 219.)

Lockington Bates se dépouille de plus en plus de sa qualité d'envoyé de MacHenry. Il ne paraît avoir aucune mission sérieuse ; tout le monde le regarde avec méfiance, et il semble qu'il doive bientôt disparaître.

Upson a lancé son accusation contre Bischoffsheim, en réponse à leur réclamation contre l'Atlantic and Great Western Company, à la cour d'Ohio : elle contient les points déjà connus, et demande le compte rendu de la vente des I[st] et II[d] mortgage bonds des coupons encaissés, et même de l'échange des coupons sans valeur estampilles par MacHenry lors de la réorganisation.

(Lettre du 25 septembre, pages 222, 223.)

Il n'y a, selon M. Nœtzlin, rien de commun entre la question du Westshore et celle des Ohios. Il n'y a, dans le syndicat hollandais, aucun intérêt général, chacun de ses membres n'étant responsable que de ses propres actions. Les quatre maisons qui ont entrepris cette affaire ne sont pas des « cotrustees » ; Wertheim et Gompertz n'ont aucune responsabilité, et ne figureraient même pas dans un procès. L'entente, du moins apparente, avec ce côté, est provisoirement recommandable ; le procès ne doit être entamé que plus tard s'il y a lieu. Le fait que nos amis possèdent environ 400,000 dollars Ohios est encore un avantage.

Dans l'Erie C°, Barlow a dû enfin céder à la clameur publique; tout en se démettant de la direction, il a cependant gardé les fonctions d'avocat de la Compagnie; Jewett marche assez bien, et paraît s'être affranchi de l'autorité de Tom Scott. Les nouveaux directeurs sont des résidents de l'État de New-York, honorablement connus, mais qui n'ont pas de cote au Wallstreet. Watkins est parti, emportant une impression assez favorable. Il recommande, dans son rapport, de laisser la Compagnie entre les mains d'un receiver, jusqu'à ce qu'elle se soit libérée de ses dettes.

(Même lettre, page 225, 226.)

Bates est maintenant au mieux avec Devereux ; il affiche, paraît-il, des sentiments très-hostiles à MacHenry, quoique trustee de son plan de réorganisation. Il a gagné la confiance du faible Devereux et de ses avocats.

Devereux, Bates et Adams, avocats de l'Ohio mortgage, sont arrivés hier à New-York et sont venus voir Hegewisch. Bates est maintenant au courant de tout, et prononce hautement la condamnation de MacHenry, dont il s'est servi, avec le comité, dit-il, pour obtenir le dépôt des bonds, mais dont il dévoilera toutes les manœuvres frauduleuses dès son retour, pour s'en débarrasser à tout jamais. M. Nœtzlin n'attache, du reste, aucune importance à ces déclarations.

(Lettre du 29 septembre, page 236.)

M. Hodgskin s'exagère peut-être l'importance de son influence en Angleterre. M. Nœtzlin s'est convaincu, lors du voyage qu'il a fait dans ce pays, du nombre des ennemis de M. Hodgskin, et de leur acharnement à le rendre impopulaire, pour faire échouer toute tentative de réorganisation dans laquelle il aurait un rôle.

Jusqu'ici les effets des attaques de M. Hodgskin contre M. MacHenry ne se font pas encore sentir; et la seule puissance avec laquelle on ait à compter, c'est cette corporation, quel que soit son nom, qui a su obtenir le dépôt de 7 millions 1/2 I[st] mortgage et 5 millions 1/2

II[d] mortgage. Tous les autres intéressés étant désunis, par conséquent faibles, cette corporation offre le plus de chances de réussite, surtout si elle a les trustees américains de son côté. Butler est du même avis, M. Nœtzlin envoie son opinion par écrit. — Mais peut-être n'est-ce pas MacHenry qui sera chargé d'exécuter les plans du comité, et une transaction avec le comité serait par conséquent préférable à un arrangement avec MacHenry.

Watkin a rédigé son rapport sur l'Erie. Morris, qui en devient le *counsel* à Londres, poursuivra, dès son arrivée là-bas, MacHenry et la London Banking Association, principalement pour l'arrangement frauduleux de l'année passée avec Grey. Bates a été mis dans tous les secrets de Devereux et consorts ; de son côté, il jure qu'il fera tout son possible pour renverser MacHenry. Si celui-ci succombait à ces attaques réunies, serait-ce au profit de l'élévation d'Hodgskin ? Cela dépend du comité.

Butler ne veut toujours pas se prononcer sur le mérite de l'argument d'Hodgskin ; est-ce de la jalousie, parce qu'il ne l'a pas trouvé lui-même ? Quoi qu'il en soit, Southmayd, qui est une des premières autorités du pays, dit qu'une Cour d'équité n'annulera jamais des mortgage bonds, qui ont été de bonne foi sur les marchés depuis nombre d'années.

Au sujet de notre situation vis-à-vis du comité des bondholders, Butler regrette qu'elle ne soit régularisée ni à Londres par un décret de la Chancery court, ni à New-York par un arrangement à l'amiable avec le Board. Il craint que des bondholders indépendants ne puissent sérieusement attaquer notre position. M. Nœtzlin n'a pu faire aucun pas vers cet arrangement avec le board (et c'était à lui de faire le premier pas pour cela, puisque c'est nous qui demandons cet arrangement), sans y être autorisé par la Banque, d'autant plus qu'il savait qu'un arrangement était conclu avec M. Hodgskin, dont il ne connaissait pas les termes.

(Lettre du 7 octobre, pages 249 à 253.)

M. Nœtzlin poursuit l'argumentation de la précédente lettre, et dit qu'il n'a rien pour se concilier Devereux et consorts, aucun appât à leur montrer. Aussi une proposition ne peut-elle venir de New-York. L'ancienne méfiance à son endroit, à cause de son attitude incertaine vis-à-vis de Bichoffsheim et Goldschmidt, s'accentue. L'argument péremptoire contre ces messieurs (remboursement de l'avance Atlantic and Great Western en août 1873) est en notre pouvoir. Tant que nous n'en aurons pas livré les preuves au board, il ne sera jamais entièrement en notre faveur. Upson devait aller à Londres pour attaquer Bischoffsheim et Goldschmidt, en réponse à la réclamation de leur créance de 500,000 dollars (du chef des I[st] mortgage coupons); il a du y renoncer faute de preuves, et on s'est contenté d'élever contre eux une plainte, s'élevant à 2,500,000 dollars, dans la Cour d'Ohio. Notre appui serait donc très-nécessaire au Board, et cet appui faisant matériellement défaut, toutes les bonnes paroles ne servent de rien.

Cette méfiance est venue s'accroître d'une indifférence marquée, depuis que l'arrangement conclu avec M. Hodgskin a fait passer, de forme comme de fait, la représentation de la Banque entre ses mains.

On ne s'occupe plus que de Hodgskin, et pour rendre le groupe Devereux plus hésitant, nos ennemis, Barlow et consorts, sont allés jusqu'à lui raconter que votre accord avec Hodgskin était rompu, et que vous étiez sur le point de donner à MacHenry les 7,000,000 de dollars dont il a besoin pour la réorganisation.

Devereux ne peut naturellement pas juger l'absurdité d'un pareil bruit, et tout cela vient encore augmenter sa méfiance contre la Banque en général et M. Nœtzlin en particulier. Aussi n'est-il plus abordable que sur la question du Rolling Stock.

La position de MacFarland se détache de plus en plus de celle de Barlow ; Devereux, interrogé sur ce sujet par Hegewisch, a répondu que MacFarland sentait du dégoût pour les affaires de Barlow, et ne cherchait qu'une occasion pour se retirer de cette association.

MacHenry compte-t-il au nombre des dépôts de I[st] mortgage bonds les 2,416,000 dollars déposés à la Compagnie contre les

Ohios en circulation? S'il le peut, il n'en possède réellement que 5 millions sur 15 millions et demi émis en tout ; sinon, il est bien près de la majorité : 7 millions et demi sur 15 millions et demi. La chose mérite d'être vérifiée.

Shipman a sondé Meyer pour savoir s'il ne lui convenait pas de prolonger l'échéance de l'Ohio mortgage, dont MacHenry n'a pas encore trouvé l'argent. Cette circonstance favoriserait un arrangement éventuel avec le comité.

(Lettre du 9 octobre, pages 254 à 257.)

Selon les rapports incomplets ou arrangés sans doute, publiés par MacHenry en juillet, Devereux devrait avoir, depuis avril, 500,000 dollars, recettes nettes, tout arriéré payé. D'après la situation de l'Atlantic and Great Western, cette assertion est absurde ; mais enfin, c'est là un document publié sous forme officielle, et comme il n'est pas réfuté publiquement par le receiver, on peut lui demander compte de son argent. M. Nœtzlin a donc fait écrire par Hegewisch, soi-disant « par les stockolders, » plusieurs lettres pressantes à Devereux, pour exiger le paiement en argent comptant du loyer autorisé par la Cour, en s'appuyant sur les faits ci-dessus mentionnés.

En même temps, dans une lettre particulière, Hegewisch lui a fait sentir que toutes ces relations seraient plus agréables et plus faciles s'il y avait plus d'unité et de bonne harmonie entre les différents intéressés, et surtout plus de sincérité et de confiance, comme il convient à des gens ayant des intérêts identiques. — Finalement, il lui recommandait de se rapprocher de M. Nœtzlin.

La situation vraie, la voici :

Le receiver a pris possession de la route en décembre avec environ 700,000 dollars d'arriéré, consistant en *payrolls*, loyer de Cleveland Mahoning and C°. Fin avril, il lui restait donc encore au moins 400,000 dollars de receiver-notes à 3 mois à rembourser, mais nulle mention n'est faite de cela dans la brochure susdite ; de plus, les soi-disants *net-Earnings* sont encore grevés, outre le rental du Cleveland Mahoning courant, par le loyer de la ligne Cincinnati Hamilton et Datlon, soit 15,000 dollars par mois, de sorte qu'il est presque impossible que Devereux se soit déjà libéré de tous ces remboursements. — De plus, d'après les comptes fournis aux trustees, une notable partie des rails a été renouvelée.

(Lettre du 9 octobre 1875 pages 258 et 259.)

La discussion entre MM. Nœtzlin et Butler, par suite de la dépêche de la Banque, n'a guère eu de résultat satisfaisant.

M. Nœtzlin a cherché d'abord à l'influencer, en lui montrant la situation dangereuse de ses clients de Londres dans le cas où Hodgskin réussirait. M. Butler ne le niait pas; il reconnaissait la déloyauté de MacHenry, et l'absurdité de son *scheme*; la probabilité de sa chute, et, dans ce cas, les éléments de succès pour M. Hodgskin; il voyait aussi les dangers des poursuites de M. Hodgskin contre ses clients, mais il prétend que M. Hodgskin lui-même en souffrirait. Il était surtout étonné d'entendre que Hodgskin se prononçait, dans son projet, contre la validité des coupons de Bischoffsheim et Goldschmidt lorsqu'il l'avait autrefois positivement reconnue, et cela devant M. Nœtzlin lui-même, qui est surpris de ce changement d'opinion. — Butler dit que, dans une réorganisation faite par Hodgskin, il soumettrait avec confiance la question de ces coupons à la décision des cours.

M. Nœtzlin parle alors à Butler de la manœuvre de Bischoffsheim et Goldschmidt nous remboursant une partie de notre avance en août 1873. — M. Butler l'ignorait et en a été fortement impressionné, tout en ne le voulant pas paraître; mais, malgré tout, ses conclusions sont restées les mêmes et, d'après ses propres paroles, *on déplacerait plutôt l'Olympe que de les changer.*— Et ces mots, étant donné le caractère de Butler, sont rigoureusement vrais.

Il ajoutait, non sans raison, que c'était à MM. Bischoffsheim de connaître leur situation; que lui, leur conseil légal, n'avait qu'à donner son opinion d'homme de loi sur les faits qu'on lui présente.

« Il ne fallait donc plus songer, continue M. Noœtzlin, à le prendre de ce côté; il ne restait donc plus que les mérites de la cause en elle-même pour exercer sur lui l'influence désirée; mais, sur ce terrain, je suis d'autant moins ferré vis-à-vis de Butler que j'ai toujours un peu partagé l'avis de ce dernier et d'Iselin, du moins pour ce qui est des preuves palpables. Quant aux autres allusions de Hodgskin, il me semble que la plupart des preuves font défaut, pour pouvoir attaquer criminellement. Cependant, je les ai fait valoir tant que je pouvais et je suis arrivé à faire admettre par Butler qu'il y a là « *a fair difference of opinion* » et que, par conséquent, *s'il était consulté* par Bischoffsheim, il lui recommanderait de s'en remettre à un arbitrage. Butler dit que depuis l'hiver dernier il n'a pas été consulté, et n'a plus rien à faire avec ce procès. »

M. Nœtzlin a vu le bill lancé par Hodgskin contre Bischoffsheim, MacHenry et Barlow; il lui a semblé que ce bill était autrement conçu qu'il ne l'aurait été dans le temps. Il parle d'une foule de faits « récemment découverts » et qui changent certainement un peu la question. Cependant, en lisant avec l'attention et l'impartialité d'un juge la correspondance du Rolling Stock, on trouve bien des défauts, et il semble même qu'il y ait eu quelquefois connivence. Sans doute, ces lettres ont été dictées par Barlow, et Hodgskin, sans méfiance, n'aura pas pris garde à ces passages.

Ainsi on demande à Bischoffsheim la somme qu'on peut fournir, au lieu de fournir tout simplement l'équivalent en livres sterling de 2,500,000 dollars ; — ensuite le protêt manque totalement d'énergie. Quoiqu'il en soit, M. Nœtzlin tâchera de présenter la chose à Butler sous un nouveau jour, et d'attirer son attention sur les bénéfices faits au-dessus du pair, mais cela ne le fera pas encore changer d'avis. Pour M. Nœtzlin, il est évident qu'il y a eu conspiration de ce triumvirat, mais elle a été si habilement exécutée, et surtout le Rolling-Stock l'a si bien sanctionnée après, qu'il n'est pas convaincu du succès du procès actuel.

En somme, dit M. Nœtzlin, est-il absolument besoin que le comité se mette ouvertement du côté d'Hodgskin, et l'appui sincère de Watkin-Morris et Bates ne suffirait-il pas pour le faire triompher et renverser Mac Henry, sans l'aide du comité ? Bischoffsheim se trouverait dès lors isolé, et forcé de faire la paix avec Hodgskin.

Sans doute, le beau rôle d'intermédiaire nous échapperait alors; mais, de toute façon, Hodgskin devrait toujours tout son succès à notre amitié, grâce à laquelle il a été maintenu président l'année dernière, et a pu faire cette année son voyage à Londres en cette qualité.— Pour le moment, la puissance avec laquelle il faut compter, c'est le comité des Atlantic and Great Western Bondholders ; pour réussir, Hodgskin a besoin de lui et de ses dépôts.

Hegewisch a lu à M. Nœtzlin une lettre d'Hodgskin d'après laquelle celui-ci regarde Devereux, MacFarland et Barlow, comme étant toujours bons amis. M. Nœtzlin ne peut croire à tant de fausseté de la part de Devereux; si cela était pourtant, c'est que Devereux serait la dupe des autres.

Hodgskin se plaint aussi de ce que Devereux ne paie pas le loyer en espèces, ce qui prouve que la démarche que M. Nœztlin a fait faire sera approuvée à Londres. Hegewisch conférera avec Devereux à ce sujet. En attendant Barlow et MacHenry se préparent ici à faire à Hodgskin une guerre à outrance. MacHenry a même fait partir Sweetser, l'ancien surintendant de l'Atlantic and Great Western, auquel Hoogskin a fait restituer 75,000 dollars, d'argent volé ! On cherchera aussi à l'attaquer pour l'arrangement avec Allison, sous prétexte qu'il leur a trop accordé. Il serait bon de l'en prévenir.

(Lettre du 16 octobre, pages 274 à 281).

M. Nœtzlin nous envoie copie d'une lettre de M. Hilchcock, la première impression a été qu'il y avait peut-être là un signe de rapprochement entre Hilchcock et Devereux. Mais cette pensée n'a pas résisté à la réflexion ! Il n'a fait qu'agir selon son devoir de « special master »; son honnêtteé, son honorabilité reconnue, rendrait toute influence particulière sur lui inadmissible.

M. Nœtzlin ne voit aucun inconvénient à fournir à M. Hilchcock tous les détails concernant notre affaire. Il est évident que tel ne serait pas le cas pour nos amis Bischoffsheim et Goldschmidt. — Aussi, pour ne pas risquer de les blesser, M. Nœtzlin a-t-il d'abord consulté leurs représentants sur ce sujet. En l'absence de Butler,

Tweed, junior partner, a vu de suite la relation que sa réponse pourrait avoir avec le procès Bischoffsheim et Goldschmidt contre Atlantic and Great Western. Mais il est tombé d'accord que la réponse doit être faite, et faite clairement, comme elle est demandée, pour ne pas compromettre la validité de notre créance. De la nécessité dans laquelle se trouve M. Nœtzlin, d'attendre, pour répondre à Hilchcock, certaines communications, il a fait une concession, disant qu'il écrirait à Paris à ce sujet pour leur faire gagner du temps. Cette soi-disant concession a eu le meilleur effet.

M. Nœtzlin demande ensuite tous les détails dont il a besoin, ainsi que des instructions sur la manière dont il doit représenter la banque pour la créance Atlantic and Great Western, et son exacte position relativement à Hodgskin; il ne veut pas s'exposer à un démenti qui aurait le plus nuisible effet!

(Lettre du 19 octobre, pages 289 à 291.)

Upson a eu plusieurs entrevues avec Hegewisch et MacFarland, au sujet de l'Atlantic and Great Western. Ces Messieurs ne paraissent pas enchantés de la publication de Hodgskin. Ils lui en veulent tous, même ceux qui se donnent pour ses amis, comme Devereux, d'aller ainsi de l'avant sans les consulter, et surtout d'avoir mentionné l'invalidité éventuelle des Mortgages. Néanmoins, toute la déposition de MacFarland, faite en présence de Hegewisch, est contre MacHenry, qu'ils croient maintenant perdu; MacFarland considère le voyage de Sweetser comme son coup de grâce.

Chez Meyer, M. Nœtzlin a lu une correspondance fort intéressante d'Adams, sur les manœuvres de Bates, et les vues que lui et ses gens avaient sur les Ohios. Tout le monde conseillait à ce dernier de les acheter. Adams a bonne opinion de Bates, et l'a recommandé aux Trustees de l'Ohio Mortgage, pour conférer avec eux sur une prolongation éventuelle. Cependant Bates n'a vu que MacFarland, avec lequel il s'est lié. Ce dernier lui a écrit après son départ, qu'il croit que les cours d'Ohio accorderaient un délai plus long que les dix jours, si des Trustees honorables et dignes de foi pouvaient leur prouver que, s'il leur est impossible de payer le 1er octobre, ils ont la volonté et le pouvoir de créer un nouveau Mortgage suffisant pour couvrir cette échéance à bref délai. Meyer, consulté à ce sujet, a répondu que la Cour ne déciderait probablement ainsi qu'à deux conditions : d'abord, un terme fixe et rapproché, le 1er décembre, ou au plus tard, le 1er janvier; ensuite une garantie sérieuse déposée par les Trustees à la Cour. Et quelle pourrait être cette garantie des valeurs Atlantic and Great Western? mais les Ohios les priment toutes.

M. Nœtzlin a alors expliqué à M. Meyer le plan de Hodgskin, lui a communiqué sa publication, et lui a laissé entrevoir que, en cas de réussite de ce plan, nous n'hésiterions pas à prendre à cette question un intérêt beaucoup plus vif, en nous procurant, soit par achat, soit autrement la majorité des Ohios.

Meyer, après en avoir délibéré avec Smithers, est venu offrir à M. Nœtzlin son concours pour le projet Hodgskin.

Ces Messieurs, outre leur puissance, ont en main une foule de comptes et documents, remontant à l'ancienne organisation, et qui font défaut à Hodgskin. Ils ont ainsi découvert dans sa publication plusieurs erreurs à redresser. Ils savent, preuves en mains, où l'argent est passé, et comment la dette s'est accrue. S'il fallait attaquer Barlow, Smithers a les armes prêtes, et serait disposé à en user. Enfin, ce dernier possède encore *2,000* noms et adresses d'anciens propriétaires de valeurs Atlantic and Great Western à Londres, qu'il est disposé à livrer à M. Nœztlin en cas de besoin.

M. Nœtzlin termine en recommandant à la Banque la question des Ohios et cette nouvelle alliance.

(Lettre du 21 octobre 1875, pages 292-297.)

M. Nœtzlin a eu de longues discussions avec MM. Meyer et Smithers, à propos d'une dépêche de la banque demandant à faire usage du nom de ces Messieurs. Ces discussions ont cependant abouti. Ce résultat est d'autant plus grand, et doit d'autant plus être apprécié, que ces Messieurs après avoir, depuis 1868, lutté contre MacHenry, après avoir été insultés, vilipendés dans tous les journaux de Londres, particulièrement Smithers, par toute la bande de ce mauvais génie, ont cependant réussi, à force de travail et de persévérance, à se faire une position si forte qu'ils planent maintenant au-dessus de la lutte, comme les dieux de la Fable. Aussi n'ont-ils aucune envie de redescendre dans l'arène, et se contentent-ils, ce qui est déjà beaucoup, de l'aider de derrière les coulisses. Ainsi, ils veulent bien permettre à Hodgskin de faire usage de leurs noms dans ses négociations personnelles; ils donnent à M. Nœtzlin leurs conseils, des documents, et, entre autres, M. Smithers a mis à sa disposition les 2,000 adresses de bondholders de Londres.

Smithers est d'avis, d'ailleurs, que MacHenry sera invincible, tant qu'il aura, comme maintenant, la presse de Londres à sa disposition; tant qu'un grand éclat, tel qu'un emprisonnement pour fraude ou vol manifeste, ne l'aura pas abattu. Ceci, d'après M. Smithers, pourrait s'obtenir. — M. Nœtzlin a l'idée de rechercher s'il ne pourrait pas quelque part s'acheter un jugement contre lui, et il doit y en avoir encore, pour le faire passer par Bankruptcy-Court.

Les Railway-News, communiqués par Smithers à M. Nœtzlin, sont infâmes. — Il faut absolument mettre un terme à ces mensonges, surtout en ce qui concerne le Rolling-Stock, et Hodgskin, avec tous les documents qu'il a en mains et qu'il reçoit journellement, devrait pourtant les détruire, en convainquant l'agence, 5, Westminster Chambers, du délit de fausses nouvelles.

M. Nœtzlin s'occupe activement de tous ces comptes; ceux de Devereux seront publiés dans quelques jours. — Mais il faut aller plus loin : Hegewisch doit partir ce soir pour l'Ouest, s'entendre avec Devereux et Adams, et ensuite convoquer un meeting de l'Atlantic and Great Western Board, dans lequel M. Nœtzlin exigera un démenti public de tout ce qui sort de Westminster Chambers, et démontrera la nécessité d'en finir avec cette agence.

M. Nœtzlin espère que Meyer lui prêtera en cette occasion le concours de son influence sur Adams. — Devereux se retranche derrière sa qualité de receiver pour invoquer sa neutralité; mais son avocat et le board pourront fort bien prendre un parti.

A une dépêche que M. Nœtzlin reçoit de la Banque en écrivant, il répond : « Je m'attendais à cette conduite de Bates. Comme » je vous ai déjà télégraphié, il est si intime avec Mac Farland, que » rien ne me surprend de sa part, et ce dernier, malgré sa répu- » tation d'honnêteté, est habitué à fermer les yeux sur ce qu'il » voit.

» De plus, il est encore piqué, comme tous les « *officials* » d'ici, » par le succès possible d'Hodgskin, et surtout par son attaque contre » la validité des Mortgages. On ne peut donc pas plus compter sur une » dépêche de lui que sur Devereux qui se retranchera encore, » et cette fois-ci, non sans raison, derrière ses fonctions de » receiver. »

» Le seul espoir est dans Adams, et encore par Meyer; je tâcherai » de lui faire écrire une bonne lettre qui préparera le terrain à » Hegewisch. Si cela ne suffit pas, j'irai moi-même à Cleveland ».....

» J'ai pris sur moi de verser doll. 250 à O'Brien, pour les conseils » et services divers qu'il m'a rendus....... »

Les « intimations » de Smithers contre Barlow sont surtout au sujet de la transaction de la propriété de Glencore. Tous ces papiers, depuis 1865, sont à Londres, et Hodgskin pourrait les tenir par l'entremise de son frère, dès qu'il m'informera par dépêche de son désir. Smithers connaît aussi à fond toutes ces affaires de coupons qu'on a fait passer et repasser lors de la réorganisation.

(Lettre du 23 octobre, pages 298 à 304.)

M. Hegewisch demande à M. Nœtzlin de le rejoindre à Cleveland, pour l'aider dans sa tâche. Si c'est possible, M. Nœtzlin attendra, pour partir, notre autorisation télégraphique.

Meyer a écrit une lettre fort bien conçue à Adams, lequel l'aura, sans doute, communiquée à Bates; M. Nœtzlin voudrait également exercer maintenant une pression sur Morris.

D'un autre côté, Barlow fait tout son possible pour perdre Hodgskin; toute sa maison est engagée dans ce travail, car l'attaque d'Hodgskin contre la validité des Mortgages est un coup de massue pour sa grande réputation. Il est bien regrettable que M. Hodgskin ait eu besoin de parler de cela dans son premier libelle, car cela lui aliénera beaucoup de ceux qui, sans cela, seraient ses meilleurs amis, et notamment le gros des bondholders.

(Lettre du 26 octobre, pages 306 et 307.)

M. Nœtzlin doit partir le 27 au soir pour Cleveland, où il viendra renforcer M. Hegewisch.

Meyer a reçu ce matin une longue lettre d'Adams en réponse à la sienne, et qui explique très-clairement les raisons de cette hésitation : lui et les siens sont les représentants des bondholders, de ces mêmes bondholders que Hodgskin attaque de deux côtés : d'abord en déclarant que leur hypothèque ne vaut rien, ensuite en mettant de grandes créances devant leurs droits. — La dernière prétention devait nécessairement être produite, et aurait été assez facilement admise, si on avait laissé entrevoir la possibilité d'un compromis. — Quant à la première, où est la nécessité de l'émettre de suite ? elle ne nous fera que des ennemis; or, celui qu'il faut seul combattre et anéantir pour le moment, c'est Mac Henry. — Il aurait été facile de former contre lui à New-York une grande alliance « philanthropique » ; — après la victoire, on aurait élevé ses prétentions. En le faisant avant, on a fait naître la méfiance partout, et nous avions fort à faire pour détruire ce sentiment chez ces Messieurs de l'Ohio. — Hodgskin ne pourrait-il pas mentionner dans une de ses publications que nous ne voulons pas tirer profit de cette invalidité possible de leurs bonds au détriment des bondholders. — Il devrait également envoyer un « scheme » détaillé.

Relativement à la réponse à Hitchcock, M. Nœtzlin tâchera d'obtenir de M. Butler, par écrit, la déclaration verbale de M. Tweed. Mais si Butler refusait, faudrait-il laisser Hitchcock sans réponse? Ce serait compromettre notre situation de créanciers.

M. Nœtzlin craint d'avoir encore à discuter avec Devereux et le Board pour le remboursement du 1/3 de l'avance par Bischoffsheim et Goldschmidt; en ce cas, son silence serait dangereux; — quelle issue reste-t-il alors : MacHenry tombé, il faudra aussi que Bischoffsheim fasse sa paix avec Hodgskin.

(Lettre du 27 octobre, pages 308, 309, 310, 311.)

M. Nœtzlin a eu une entrevue avec Butler, qui feint de croire à l'innocence parfaite de Bischoffsheim et Goldschmidt et affirme qu'il ignore cette transaction entre eux, la Compagnie et nous. — Il a répété qu'il en avait entendu parler pour la première fois lors de la réponse de l'Atlantic and Great Western contre la réclamation Bischoffsheim et Goldschmidt. M. Nœtzlin lui en a pourtant parlé, et lui-même a écrit à Londres pour savoir quels étaient les faits. — Il refuse de donner un avis par écrit. Il reconnaît cependant qu'une réponse à Hitchcock, tout en n'étant pas absolument nécessaire, nous serait utile; il dit que la Banque doit envoyer toutes les informations demandées par Hitchcock; que d'ici-là, lui-même en aura obtenu de Londres, et sera en état de donner une opinion décisive. — Il prétendait d'ailleurs que tout cela n'avait rien à faire avec la position de Bischoffsheim et Goldschmidt.

Smithers, n'étant pas en relation avec Morris, ne peut lui écrire directement; Meyer a adressé une seconde lettre à Adams, et M. Nœtzlin le prie d'en faire autant pour sir Edward Watkin.

(Lettre du 27 octobre 1875, pages, 314, 315 et 316.)

Avant de partir pour Cleveland, M. Nœtzlin a été heureux d'emporter la nouvelle que Hodgskin a notre entière coopération ; qu'en outre, un grand nombre d'A. et G. W. Bondholders, tous ses propres actionnaires, Morris et Watkin, sont disposés à le soutenir. Il s'était muni également de pièces, papiers, articles, réunis pour frapper contre Mc Henry le coup officiel.

M. Hegewisch, à son arrivée, lui a communiqué la dépêche de la Banque annonçant qu'un cinquième des bonds déposés au comité, à Londres, l'était inconditionnellement; le reste peut donc être retiré en faveur d'Hodgskin, et c'est là, suivant M. Nœtzlin, un fait d'une haute importance, car, si les $ 7,500,000 Mortgage bonds avaient été réellement au pouvoir des trustees de Mc Henry, on n'aurait pu réussir qu'en convertissant ces Trustees à la cause d'Hodgskin.

Devereux, dans les conférences qu'il a eues avec M. Nœtzlin, a cherché, avant tout, à lui prouver son impartialité, et à lui expliquer pourquoi sa conduite avait pu paraître quelquefois hostile à notre cause. En somme, M. Nœtzlin le croit honnête homme, mais faible, et peut-être pas très-capable comme administrateur de chemins de fer. Pourtant ce dernier défaut est plus apparent que réel. Ce qui a souvent entravé Devereux, c'est un contrat *par écrit*, avec Mc Henry, dans lequel le premier s'engage, pour un certain temps, comme président de la Compagnie, à ne jamais combattre l'intérêt personnel de Mc Henry. En échange, ce dernier lui payait $ 100,000, à titre d'indemnité, pour l'induire à quitter la position qu'il occupait dans le Lakeshore. Cette somme n'a même jamais figuré dans les comptes de l'Atlantic and Great Western, et doit avoir été puisée dans les opérations particulières de Mc Henry, à Londres.

On peut se demander comment un pareil contrat peut être signé par un honnête homme; mais, d'un côté Mc Henry, à cette époque, n'était pas encore connu pour ce qu'il est, et pouvait encore, sous le drapeau de Watson, jeter la poudre aux yeux; de l'autre, $ 100,000 est une forte tentation, et Devereux avait assez bonne opinion de lui-même pour croire qu'il valait bien cette somme.

Il est facile d'imaginer combien, depuis qu'il a eu les yeux dessillés, jusqu'au moment où il a échangé sa qualité de président contre celle de receiver, cet homme a dû être gêné. Une fois receiver, il n'a pu non plus favoriser l'alliance étreite entre Hodgskin et la Banque, alliance qui est directement contraire aux intérêts *généraux* de la Compagnie. Voilà les motifs de sa conduite envers nous.

Devereux ajoute que la nomination d'un receiver est due principalement à Mc Farland qui, seul, sans l'avis de Barlow, voulant mettre un terme aux manœuvres audacieuses de Mc Henry, et arrêter l'extension menaçante de la dette, a tout accompli en silence, de peur d'éveiller l'attention de Mc Henry, et d'avoir alors à soutenir son attaque. Mc Farland aurait encore écrit à Barlow que si toute relation ne cessait entre lui et Mc Henry, il se retirerait immédiatement; et déclaré, sous serment, à Devereux, que, tant qu'il serait là, les Trustees feraient strictement et honnêtement leur devoir. Le but de cette apologie de Mc Farland était de nous persuader de ne faire la guerre ni à celui-ci, ni aux Trustees, maintenant qu'il nous sait puissant; mais comment se fier à Mc Farland? et d'abord Hodgskin le permettrait-il?

Les relations de l'Atlantic and Great Western avec le Rolling Stock et Co sont excellentes, et pour faire cesser toutes les calomnies qu'on répand à ce sujet, le compte rendu officiel des recettes et dépenses du receiver sera prochainement publié sur la demande de M. Nœtzlin. Le bilan au 31 octobre est déjà préparé. M. N. en enverra copie, et espère qu'il mettra un terme aux bruits malveillants. Devereux laisse même entrevoir un paiement en argent de $ 30,000.

Avec Adams, moins réservé que le receiver, M. Nœtzlin a discuté d'abord l'attitude du Board vis-à-vis de Mc Henry. et ensuite la situation à Londres. Sur le premier point, ces messieurs joindront leurs efforts pour soulever le Board contre Mc Henry. Sur le second, il y a eu plus de difficultés, et voici pourquoi : Hodgskin n'est pas aimé à Cleveland On lui reconnaît de grandes qualités, mais on lui reproche d'être inexpérimenté comme administrateur de chemins de fer, de manquer de douceur, d'esprit de conciliation, de diplomatie, d'être par trop hostile aux intérêts de l'Atlantic and Great Western; mais ce sont surtout certains passages de sa publication (que l'on trouve d'ailleurs, fort bien faite comme attaque contre Mc Henry), qui ont soulevé des tempêtes ; ses allégations contre la nécessité de la nomination d'un receiver, et contre la validité des Mortgages, argument sur lequel il veut baser son procès, ont fait le plus fâcheux effet. Les sommités légales, consultées à ce sujet, ont été de l'avis de Southmayd; c'est-à-dire qu'aucune cour équitable ne déciderait contre les bondholders. Aussi M. Nœtzlin a-t-il vu avec grande satisfaction que le paragraphe relatif à cette attaque a été changé.

Bates a laissé une impression sympathique, voilà tout. En fait, on n'a pas agi pour lui, et il s'est évanoui sans laisser de traces, même pas de correspondance. — Adams lui avait indiqué une base de rapprochement avec le Rolling Stock et ne veut pas croire maintenant ces rapports d'Hodgskin, disant que Bates ne veut admettre de réclamations ni de lui ni de la Banque. Mais Adams et Meyer disent que, fort de notre appui et comptant sur celui des Ohios, Hodgskin ne veut rien concéder. — En cherchant ensemble une base de conciliation, MM. Adams et Nœtzlin en sont venus à parler du fond de la question et de la justice de la réclamation du Rolling Stock. Selon les avocats, celle-ci n'aurait pas de fondement : le contrat, devant la loi, est frauduleux, et ce qui a été payé de trop dans le temps serait à valoir sur le rental en litige. Néanmoins, l'hostilité du Rolling Stock et le procès dont Hodgskin menace la Compagnie rendraient un compromis désirable, et la base en serait l'offre renouvelée de 280,000 dollars.

M. Nœtzlin a répondu qu'au point de vue de tout homme d'affaires, ce qui est payé est payé, et qu'il n'y a plus à y revenir; — que, par conséquent, un rapprochement sur cette base était impossible.

Pour motiver devant le Board leur attaque contre Mc Henry, MM. Hegewisch et Nœtzlin ont rédigé un document réunissant tous les chefs d'accusation contre Mc Henry, et dont ils envoient une copie. — Se basant sur l'impartialité et la neutralité du Board, M. Nœtzlin a obtenu la troisième résolution, qui fournit à M. Hodgskin une arme excellente contre Bates.

Pendant cette discussion, qui a été fort longue, MM. Devereux et Adams ont pris plusieurs fois M. Nœtzlin à part pour lui assurer tout leur concours, s'il voulait, de son côté, faire quelque chose pour rester en bonne harmonie avec eux, et ne pas consulter Hodgskin seul, mais les deux côtés avec la même loyauté. — Tous deux, du reste, semblent être sincères en reconnaissant la force de notre position; et la preuve qu'ils le sont, c'est qu'ils ont peur ; Devereux a dit à M. Nœtzlin qu'il savait un moyen d'aplanir les difficultés, sans oser aller plus loin. Les autres membres du comité de direction (car le Board tout entier n'avait pu être réuni, faute de temps), sont d'accord pour dire que justice doit nous être rendue. Qu'entendent-ils par là ? Ont-ils dans l'idée de nous rendre porteurs de II mortgage bonds? M. Nœtzlin n'a pas voulu l'approfondir, satisfait du résultat obtenu pour une première entrevue.

Dans un dernier entretien avec M. Adams, celui-ci a proposé sa médiation entre Bates et Hodgskin, sur la base de la conciliation des différents intérêts. Mais cette proposition n'était faite que par égard pour L. H. Meyer, qui lui avait écrit en notre faveur, et par considération pour nous.

De son voyage à Cleveland, M. Nœtzlin emporte une impression générale bonne, et les conclusions suivantes :

1° Les hommes composant le Board sont honnêtes et pèchent par ignorance, ou par peur de responsabilités à prendre dans des affaires qui ne les intéressent pas directement;

2° Il est absolument nécessaire de modérer Hodgskin, qui va beaucoup trop loin, et qui, sur un terrain déjà peu solide, construit des châteaux en Espagne. — Si on lui laisse la haute main, on risquera de se trouver isolé avec lui, au lieu d'occuper une position intermédiaire et ferme. . . . .

. . . .
Si Hodgskin fait sa paix avec Bates et réunit alors tous les éléments honnêtes de l'Atlantic and Great Western, Bischoffsheim sera bien obligé à son tour d'entrer en pourparlers avec lui, et c'est là un moyen plus simple et plus sûr d'arriver au but que toutes les finasseries de Butler.

(Lettre du 2 novembre, pages 318 à 333.)

M. Nœtzlin a été fort étonné en apprenant que nous n'approuvons pas sa manière d'agir à Cleveland ; pour la bien juger, il nous prie de bien voir la situation telle qu'elle est :

D'après nos dépêches, l'union la plus étroite était conclue avec Hodgskin, depuis la signature du contrat que les Bischoffsheim eux-mêmes ont voté sans hésiter. Cependant, il fallait d'abord, et M. Nœtzlin le reconnaît fort bien, s'abstenir de toute manifestation publique, car on avait encore l'espoir de transiger avec McHenry, dont la puissance, loin de diminuer, s'affermissait tous les jours par les dépôts de bonds. Puis, la tentative d'accord avec McHenry échoue et dès lors la politique de la prudence est abandonnée. Hodgskin, notre allié et représentant, l'attaque à fond, sans se ménager de retraite. M. Nœtzlin, chargé de soutenir Hodgskin, réussit au delà de son attente, lui amène de puissants alliés, et part pour Cleveland, muni d'une dépêche lui recommandant de persévérer dans cette voie. Enfin, on lui télégraphie que les dépôts de bonds sont plus ou moins fictifs, les 4/5 s'en rattachant à une condition que notre représentant a rendue inexécutable par sa protestation au Stock-Exchange. De tout ceci, il résulterait que notre appui était sincèrement et publiquement acquis à Hodgskin, et que McHenry était aux 4/5 ruiné. Par conséquent, M. Nœtzlin n'avait qu'à soutenir la cause d'Hodgskin, en butte à la méfiance des uns, à l'envie des autres, et à achever la ruine de McHenry.

D'un autre côté, il fallait agir vigoureusement; il fallait aussi que les attaques fussent faites par des gens ayant le droit de parler et le pouvoir de se faire écouter : voilà pourquoi MM. Nœtzlin et Hegewisch ont présenté et soutenu eux-mêmes les résolutions devant ce Board, honnête, mais timide, détestant McHenry, mais le craignant encore davantage, et qui n'aurait jamais pris l'initiative de frapper contre lui ce grand coup.

D'ailleurs, M. Nœtzlin n'a pas insisté pour que le Board rendît lui-même ces résolutions publiques : il a fait ajouter une clause donnant aux pétitionnaires des copies certifiées, pour en faire l'usage qui leur plaira. Il avait donc paré d'avance à notre objection. Maintenant il n'y a qu'à s'entendre avec Hodgskin pour la publication de la pétition, la raccourcir, supprimer les noms des pétitionnaires, ou mettre simplement « M. Nœtzlin, représentant de 2 à 3 millions de bonds » et peu de gens à Londres se douteront de ce que c'est. McHenry et Woodman recevront au contraire des copies officielles, pour les relever de leurs fonctions présomptives.

6

Répondant à une dépêche de la Banque, M. Nœtzlin dit que Hitchcock est « special master » ou « referee » dans le grand procès de forclosure intenté en décembre 1874 par les trustees au nom des consolidated mortgage bondholders, à la Compagnie, les Ohios, et Bischoffsheim et Goldschmidt. — M. Nœtzlin ne peut rédiger sa réponse à la lettre d'Hitchcock d'après le mémoire de M. Crémieu : il ne s'y trouve ni les numéros des bonds (originaux et actuels), ni les séries des coupons attachés lors de la livraison, et de ceux restant encore. Ce sont là des points essentiels dont Hitchcock et Butler ont tous deux besoin. M. Nœtzlin ne peut non plus montrer ce mémoire à M. Butler, qui en tirerait de fausses conclusions; il aime mieux, d'ailleurs, que Butler apprenne les détails de l'affaire par d'autres que par lui. — M. Nœtzlin refuse de se charger de la mission délicate de répondre point pour point aux demandes d'Hitchcock sans froisser les intérêts Bischoffsheim dans leurs procès contre l'Atlantic and Great Western; — c'est à la Banque de le faire; elle seule peut fixer le montant de la créance, décider si les intérêts doivent être comptés ou non, si la situation doit être prise au 15 juin 1874, et établir en général le caractère de la créance.

Au sujet des Western Extension Certificates, M. Nœtzlin a consulté Smithers, qui lui a fait mention de quelques transactions ténébreuses au sujet des actions Cleveland Columbus Cincinnati et Indianapolis. M. Nœtzlin trouve nécessaire de faire une enquête : si les actions n'étaient pas à la Banque, il lui semble que l'emprisonnement de McHenry, ainsi que de Swinburne et Blake, serait chose facile.

(Lettre du 4 novembre, pages 334 à 341.)

Il est trop tard, dit M. Nœtzlin, pour ne communiquer maintenant à McHenry que les résolutions du Board, et non sa pétition. Les deux documents ont été réunis à Warnock pour être transmis de suite à McHenry et Woodman; sans doute, Warnock, dont la ponctualité est reconnue, se sera déjà acquitté de cette mission.

Sans cette circonstance, l'intervention de M. Nœtzlin n'aurait donc eu d'autre résultat que celui de montrer notre faiblesse. Déjà on répand le bruit d'une alliance entre la Banque et M[c]Henry : bruit dont l'une des conséquences fâcheuses serait de nous aliéner complétement Cleveland et New-York.

Comme preuve du peu de sympathie qu'Hodgskin inspire à Cleveland, M. Nœtzlin nous envoie une lettre de Hegewisch, d'après laquelle, malgré les promesses d'Adams, l'ancienne politique commence à reprendre le dessus. — Hodgskin aurait dû adresser Bates à Adams : celui-ci, malgré tout, n'aurait pas manqué de télégraphier à Bates de s'unir à Hodgskin et de laisser leur différend au nouveau comité de réorganisation.

Dans cette lettre Hegewisch prie aussi M. Nœtzlin d'exercer, directement, une pression sur Hodgskin pour le rendre plus conciliant, et l'amener à faire aux gens de Cleveland une concession en retardant sa procédure pour le recouvrement de sa créance. Quoique tout à fait d'accord sur ce point avec Hegewisch, M. Nœtzlin n'ose pas cependant suivre ce conseil, les dernières dépêches de la Banque lui ayant inspiré des doutes sur son désir de voir triompher Hodgskin, et des inquiétudes sur la portée que pourrait avoir son intervention.

Hodgskin a reçu la copie des résolutions et de la pétition par le même courrier que la Banque.

(Lettre du 6 novembre, pages 342 à 345.)

Devereux, Adams et Hitchcock vont venir à New-York le 15. Devereux annonce son arrivée à M. Nœtzlin par une lettre très-courtoise.

M. Nœtzlin se plaint qu'en le chargeant de gagner Meyer et Smithers à notre cause, on lui donne à prendre une forteresse, sans le munir de l'artillerie nécessaire, c'est-à-dire qu'on ne lui fournit ni arguments ni preuves. Comment motiver alors la priorité des créances, surtout celle du Rôlling Stock, que les avocats de l'Ohio ne veulent pas admettre.

En supposant, pour ne pas effaroucher Meyer et Smithers, que la priorité exigée ne touche en rien les Ohios, nous demandons d'être mis au moins sur le même pied qu'eux, c'est-à-dire que nous accepterons les mêmes garanties de remboursement, et cela pour un montant à décider par arbitrage pour le Rolling Stock, et intégral pour nous. — Voilà la thèse à soutenir; — M. Nœtzlin croit qu'il rencontrera moins de difficultés pour la faire triompher auprès de Devereux, Adams et Hitchcock, en ce qui nous concerne, qu'en ce qui concerne le Rolling Stock; pour celui-ci, nous n'avons pas d'armes pour combattre victorieusement les arguments des hommes de loi de l'Ohio, quoiqu'il ne s'agisse pour le moment que d'une reconnaissance de principe et non d'une fixation de montant. Et pourtant Devereux et Adams disent qu'ils sont disposés à faire un compromis avec le Rolling Stock pour une somme à fixer en espèces. — Cela paraît contradictoire, et pourtant cette manière d'agir est motivée d'un côté par l'aversion contre un régime de Hodgskin, de l'autre par le désir d'une réorganisation indépendante qui, effectuée par Bates, laisserait à Devereux et Adams toute leur puissance.

M. Nœtzlin a acquis la conviction que ces messieurs, lors de l'arrivée de Bates à Cleveland, ont conçu l'idée de faire eux-mêmes la réorganisation, honnêtement sans doute, mais d'une façon arbitraire contre les intérêts qui les gêneraient trop dans leurs desseins; — Ils ont fait de Bates leur instrument; M. Nœtzlin est devenu certain de ces faits en voyant Adams s'empresser de communiquer les résolutions du Board à Bates; — Après le langage qu'Adams avait tenu, cette conduite était singulière. Ils ont aspiré au pouvoir suprême; et, avec Hodgskin, non-seulement ils sont forcés de reconnaître une grande créance qui les gêne énormément et qu'ils peuvent sinon combattre avantageusement dans les cours, du moins tellement traîner en longueur, qu'elle ne les gêne pas pendant le travail de la réorganisation; mais aussi, le caractère de Hodgskin étant donné, ils devraient abdiquer le pouvoir.

C'est donc à Hodgskin de donner à M. Nœtzlin des arguments par lesquels il puisse répondre à ces doubles attaques. Il doit y en avoir d'autres que celui de l'invalidité des mortgages, peut-être excellent en théorie, mais qui, devant les cours, échouerait infailliblement. Que M. Hodgskin autorise donc Butler et Iselin, qu'il a mis au fait de toute son argumentation, de communiquer à M. Nœtzlin ce qu'il aurait mieux fait de lui communiquer lui-même. Mais avant son départ, Hodgskin croyait son raisonnement irréfutable, et n'a pas voulu le lui livrer avant d'avoir fait son contrat avec la Banque.

M. Nœtzlin ne peut pas même produire la dépêche de la Banque, car, dès que le nom d'Hodgskin comme seul représentant de la réorganisation apparaîtra, tout sera perdu : ils accepteraient la Banque bien plus facilement que lui.

M. Nœtzlin va s'occuper de rechercher les noms des actionnaires dans les livres officiels.

(Lettre du 13 novembre, pages 348 à 353.)

M. Nœtzlin a eu une première entrevue avec Devereux et Adams, le 15. Hitchcock, occupé à recueillir et à vérifier des témoignages au sujet des 1,2?0,000 dollars, coupons Ohio, l'a dispensé, par son absence, d'un examen verbal sur notre affaire.

Devereux et Adams reçurent M. Nœtzlin très-cordialement, affectant une excellente humeur et une entière confiance. — Renonçant dès l'abord à la neutralité dont ils s'étaient fait une règle, ils se déclarèrent ouvertement en faveur de Bates et Morris, en ce moment occupés à Londres à constituer une réorganisation définitive. Ils prétendirent ne pas avoir de dépêche sur la situation actuelle, ce qui est possible du reste, mais des lettres en contradiction formelle avec ce que M. Nœtzlin leur avait montré à Cleveland, notamment une longue lettre de Morris, datée du 28 octobre, c'est-à-dire postérieure de deux jours à la dépêche de M. May, annonçant l'adhésion complète de Watkin et Morris, et la seule opposition de Bates; tandis que, dans cette lettre, Morris déclare que ni lui ni Watkin ne peuvent soutenir les prétentions d'Hodgskin.

Profitant de l'embarras de M. Nœtzlin, Devereux et Adams insistèrent sur la nécessité pour la Banque d'avoir à Londres un représentant, avec la double mission de la tenir exactement au courant, et de calmer l'ardeur de Hodgskin, — dont les informations devraient être contrôlées.

Tous deux, reconnaissant la justice de notre demande, disent que le seul obstacle à toute union cordiale était la prétention personnelle d'Hodgskin à contrôler toute la ligne et à devenir le président de la route. M. Nœtzlin, tout en n'étant pas tout à fait convaincu du manque absolu de fondement de cette assertion, protesta vivement contre elle.

Ces messieurs firent ensuite entendre à M. Nœtzlin que Bates serait prêt à émettre un nouveau scheme, ou plutôt un scheme revisé ; que le comité était déjà organisé et chaque place distribuée ; que tout cela paraîtrait dans une semaine ou deux. Ces allégations et les insinuations contre M. Hodgskin n'avaient d'autre but que d'en imposer sur leur force à M. Nœtzlin, et de l'autre côté, semer de la discorde sinon de la méfiance entre Hodskin et lui; et comme il exprimait des doutes sur les aptitudes d'un clergyman, à réorganiser une affaire aussi monstrueuse, Devereux lui répondit par l'histoire de David et Goliath.

Voyant que, ce jour-là du moins, il ne pourrait rien obtenir d'eux que des nouvelles, M. Nœtzlin les questionna et apprit que Bates et MacHenry avaient fait devant témoins un arrangement verbal, MacHenry s'engageant à écrire, au moment voulu, à Bates, une lettre officielle, par laquelle il renoncerait à toute relation avec l'Atlantic and Great Western, et lui remettrait ses pouvoirs, (*proxies*) si des élections étaient jugées nécessaires; que celles-ci cependant pouvaient bien être supprimées, puisque l'intérêt propriétaire étant représenté par les bondholders et non par les actionnaires, le Board n'avait plus aucune importance.

M. Nœtzlin eut ensuite avec M. Meyer une discussion de plusieurs heures. Celui-ci, tout en protestant de ses sentiments d'amitié pour nous, déclara ouvertement que, selon ses connaissances légales, notre cause ne valait pas grand'chose, et que lui-même, nommé arbitre, se verrait, en conscience, forcé de décider contre nous. Il ne parlait, disait-il qu'au point de vue strictement légal, laissant de côté toutes les autres considérations, et il n'en manquait pas. Dans le même ordre d'idées, il désapprouvait formellement le choix proposé de Hitchcock comme arbitre, et conseillait de tout arranger à Londres, où les difficultés légales seraient plus facilement tournées.

M. Nœtzlin fut d'autant plus découragé de ces réponses, que lui-même n'avait jamais connu à fond l'argumentation de Hodgskin et de Bissel en notre faveur.

Ces messieurs ayant toujours déclaré que justice devait nous être faite, M. Nœtzlin a demandé à la Banque quelles seraient ses prétentions pour ce règlement final, pensant qu'on pourrait peut-être, sur le terrain des chiffres, se rapprocher plus facilement qu'en exigeant des résolutions et des promesses générales, qui peuvent engager à plus que nous ne demandons réellement. Mais, d'après les réponses de la Banque, M. Nœtzlin reconnaît que nos demandes ne peuvent être satisfaites que par l'issue heureuse d'un long procès, et non par un compromis. Bissel lui-même, si convaincu de la valeur légale de la position, serait enchanté de faire aujourd'hui un arrangement à 50 p. 0/0 sur la réclamation réelle du Rolling Stock, ce qui ne ferait pas plus de 600,000 dollars en espèces. Quant à MM. Nœtzlin et Hegewisch, ils se contenteraient de 500,000 dollars.

Bissel, à qui M. Nœtzlin s'est adressé ensuite, n'a pas voulu d'abord reconnaître le contrat avec Hodgskin, disant qu'il est trop incomplet et trop mal rédigé pour ne pas donner lieu à un procès plus tard. Il exigea ensuite que ce contrat fût approuvé par le Board du Rolling Stock, disant qu'il était l'avocat de la Compagnie et non de M. Hodgskin; qu'il était forcé de regarder tout autre créancier de l'Atlantic and Great Western comme un ennemi.

M. Nœtzlin finit pourtant après des heures de discussion par le convaincre. Mais la journée était perdue.

M. Nœtzlin fit voir à Devereux et Adams la déclaration de Hodgskin renonçant à toute intention personnelle. Ces messieurs en parurent enchantés, plus peut-être qu'ils ne l'étaient réellement, car ils perdaient ainsi un excellent argument. D'un autre côté ils n'avaient plus à craindre les compétitions d'Hodgskin; aussi parlèrent-ils de l'arrangement comme d'un fait accompli, et Devereux disait-il que tout devait être terminé à Londres.

M. Nœtzlin insista alors et leur demanda de lui déclarer formellement ce qu'ils avaient admis la veille, c'est-à-dire qu'il n'y avait pas d'obstacle à ce que nos deux créances eussent la priorité. Là-dessus, ils cherchèrent à faire entendre à M. Nœtzlin que les deux créances devaient être soumises à un arbitrage, et que toute autre interprétation de leur langage serait un malentendu. M. Nœtzlin posa alors nettement ses conditions, confiant dans le prochain appui de Meyer. Mais ces messieurs ne répondirent qu'en ce qui concerne la créance Rolling Stock, donnant à comprendre que celle de la Banque, devenue son alliée, serait sous-entendue : et comme M. Nœtzlin insistait sur la position spéciale de la Banque, Adams lui répondit que, selon lui, nous devions avoir notre part dans la réorganisation comme II[d] Mortgage bondholders, et comme créanciers venant après les mortgages pour le reste de la créance. M. Nœtzlin a traité ce raisonnement en plaisanterie et ces messieurs se séparèrent fort bons amis.

M. Nœtzlin apprit pourtant que, dans une entrevue qu'ils eurent ensuite avec Hegewisch, ils parurent assez inquiets à son égard, car ils voient parfaitement la nécessité de la coopération de la Banque pour obtenir de l'argent et satisfaire l'Ohio. Ils avaient cité, comme une des meilleures ressources de l'Atlantic and Great Western pour parer à cette échéance, la créance sur Bischoffsheim and Goldschmidt. Bates n'en a donc pas d'autres!

M. Hitchcock demande toujours sa réponse, et M. Nœtzlin lui promet qu'elle arrivera de Paris prochainement; il a dû aussi lui affirmer qu'il pourrait prêter serment sur son contenu. M. Nœtzlin espère que cette lettre est déjà adoptée par le comité, de façon à ce qu'il n'ait plus de démêlés à ce sujet avec Butler, qui ne bouge pas de son idée, de faire commencer l'affaire en décembre 1873.

M. Nœtzlin arrange une entrevue entre Meyer, Adams et Bissel. Pendant qu'elle a lieu, il reçoit la longue dépêche d'Hodgskin, lui apprenant les résolutions du comité, l'arrivée de Lewis, et l'opinion d'Hodgskin à la suite de ces faits : que Bates, à bout d'arguments et de ressources, veut laisser la responsabilité d'une décision à ses amis de New-York; et que, dans cette situation, une dépêche ou lettre formelle, au sujet de la priorité à nous accorder, doit être obtenue.

Là-dessus, l'entrevue terminée, M. Nœtzlin voit Meyer; Adams, à force d'habiles arguments, l'avait ramené à ses hésitations; il voyait, disait-il, d'excellentes raisons des deux côtés, et que, si on ne pouvait s'arranger, un procès serait long et laborieux. Il recommande Hitchcock, comme homme capable et intègre, propose de l'envoyer à Londres, soit pour y décider la cause lui-même, soit pour conseiller un arbitrage; ou encore, que chaque partie établisse ses droits et stipule ses conditions d'arrangement, par écrit; et que ces propositions, dûment cachetées, soient échangées par l'entremise d'une personne neutre, comme lui-même par exemple, ou bien remises à un arbitre.

Il sera toujours temps de suivre ces bons conseils; pour le moment, avant que l'arrivée de Lewis ne vienne changer les résolutions du comité Bates, il importe de faire un pas en avant. A cet effet, M. Nœtzlin essaie d'arranger une discussion publique des deux conseils devant tous les intéressés. Il rendra compte par le prochain courrier du résultat de cette tentative.

(Lettre du **18** novembre, pages 356 à 370.)

M. Nœtzlin, dans sa dernière lettre, a oublié de mentionner un point : ce sont les relations qui existent entre Devereux et Adams, d'une part, M[c] Farland et Barlow, de l'autre. Déjà, à Cleveland, M. Hegewisch leur avait déclaré que, selon lui, M[c] Farland n'était pas et ne pouvait pas être sincère; depuis son retour, M. Hegewisch et lui ont eu de nouvelles preuves de la dépendance de MacFarland, et les ont produites à leurs amis de Cleveland.

Aussi, ces Messieurs, comprenant la nécessité d'un changement, ont-ils établi maintenant leur quartier général chez Smithers au lieu de Mc Farland; de plus, ils ont fait, dès leur arrivée, des efforts, soit pour rompre ses relations avec Barlow, soit pour les tirer au clair, de façon à ce qu'il n'y ait plus de doute possible à ce sujet. Barlow, que Hitchcock est allé voir trois fois, a fini par ne plus les recevoir, et par ne plus conférer avec eux que par l'entremise de Mc Farland. Ils lui demandaient, sans doute, son retrait complet de l'Atlantic and Great Western; mais la renonciation de Barlow serait une garantie insuffisante si elle n'était accompagnée de celle de Mc Farland, à moins que toute association ne soit rompue entre eux, et qu'on ne s'entende avec les amis de Cleveland pour changer les Trustees.

Reprenant ensuite sa lettre du 18 novembre, à l'endroit où il l'avait interrompue, et parlant de l'entrevue des deux Conseils, dont il y était question, M. Nœtzlin raconte qu'Adams lui a répondu qu'il lui fallait au moins huit jours d'études pour se préparer à cette discussion avec Bissel. Que veut dire cette retraite de la part d'un homme, qui, depuis plusieurs mois, doit s'attendre à combattre devant la cour ces mêmes arguments, produits dans le procès du Rolling Stock? Ne prouve-t-elle pas la force de notre position légale?

Voyant que, de ce côté, il n'y avait plus rien à faire, M. Nœtzlin a profité des derniers moments pour faire sentir à ces messieurs le poids et la nécessité du concours que la Banque pourrait prêter à la réorganisation ; il croit avoir produit sur eux une certaine impression, et que, sans le lui avouer, ils ont écrit à Londres dans le même sens.

M. Nœtzlin se rend ensuite chez Bissel, pour lui apprendre le refus d'Adams, et lui exposer en même temps les arguments par lesquels celui-ci avait combattu les siens chez Meyer. Le principal, c'est que la réorganisation n'avait pas été consommée sous une loi spéciale, mais sous les lois générales du pays. Cependant Bissel, pour le détruire, n'eut qu'à montrer à M. Nœtzlin la copie du certificat déposé chez le secrétaire de l'État d'Ohio, qui dit clairement sous quelles lois la réorganisation est faite. Meyer, à qui M. Nœtzlin voulut faire part de ces résultats, était déjà parti pour Philadelphie.

M. Nœtzlin eût ensuite l'idée de donner à Adams le temps qu'il demanderait pour rédiger son opinion par écrit, et d'en faire faire autant à Bissel ; de remettre ensuite les deux plis à Meyer, en le priant de suggérer un compromis à Londres. — Si cette combinaison était agréée par le comité Bates, M. Nœtzlin répond que personne à New-York n'osera contester la justice de Meyer. — Hegewisch est fort épris de cette idée ; car le *referendum* à Devereux, Adams et Hitchcock, adopté par le comité Bates, ne peut être accepté par nous ; — les deux premiers sont nos antagonistes, et le dernier est resté trop longtemps avec eux pour n'avoir pas contre nous de fortes préventions.

20 novembre. — MM. Devereux et Adams sont partis. Bissel, qui s'est déjà mis au travail pour rédiger le document, est allé avec M. Nœtzlin chez Meyer, qui est revenu ; il avait eu soin, cette fois-ci, de se munir des pièces à l'appui.

La discussion a duré plus de deux heures. Mais cette fois-ci, M. Nœtzlin croit pouvoir affirmer qu'Adam ne fera plus chanceler l'opinion de M. Meyer ; celui-ci a déclaré être prêt à entreprendre la tâche qu'on veut lui donner, mais la croit superflue ; il est convaincu que si Bissel rédigeait son opinion par écrit et que ce travail était soumis à Morris et Watkin, ces messieurs auraient assez de jugement et d'impartialité pour décider immédiatement un compromis nous favorisant, sans en référer d'abord à tous les Américains plus ou moins intéressés dans l'ancienne réorganisation.

A ce moment, Hegewisch arrive avec une dépêche d'Hodgskin priant d'arrêter les négociations, de mettre de suite Lewis en rapport avec Meyer et Bissel, et annonçant son départ pour le 27.

M. Nœtzlin se demande qui défendra nos intérêts à Londres après le départ d'Hodgskin. MacHenry n'attend probablement que ce moment pour démasquer encore quelque nouvelle batterie ; et Bates n'est pas de force à lutter avec lui. Quant à Lewis, à moins qu'il n'ait des lettres pour MM. Nœtzlin, Meyer ou Hegewisch, ce sera bien difficile de l'empêcher de tomber entre les mains de MacFarland.

(Lettre du 20 novembre, pages 372 à 379.)

En réponse à des observations qui lui ont été faites dans une de nos lettres, qu'il trouve très-sévère pour lui, M. Nœtzlin rappelle avoir déjà démontré que ce qu'il avait fait était simplement la conséquence inévitable de nos propres dépêches et actions et que les résolutions obtenues par lui étaient non-seulement dirigées contre Mc Henry, dont il importait alors et importera toujours de contrecarrer l'influence, mais aussi contre *Bates*, qui lui avait été représenté par nous pour être son seul adversaire (en dehors de MacHenry). M. Nœtzlin ajoute qu'en revoyant toutes ses communications de cette époque, ainsi que les dépêches de Hodgskin, notre « représentant et associé, » avec lequel, en raison de ces qualités, il lui fallait compter, nous pourrons et devrons admettre qu'il ait considéré la politique à double face, qui avait déjà produit tant de fausses positions, comme abandonnée. Par la publication de la brochure Hodgskin, nous sortions l'épée du fourreau, et, le combat une fois engagé, il s'agissait de vaincre ou de succomber. M. Nœtzlin avoue qu'il était bien aise de cette tournure des choses, car depuis le commencement des relations avec MacHenry, il ne pouvait se rallier à la politique de soutenir cet homme dangereux, qui, dans sa conviction, nous abandonnerait à la première occasion, ce qui est, du reste, arrivé plus tôt que M. Nœtzlin, ne le croyait. N'était-ce pas une erreur, demande M. Nœtzlin, d'avoir fortifié cet homme ? n'est-ce pas principalement avec notre aide qu'il est arrivé au pouvoir qu'il avait pendant tout l'été, pouvoir que nous avons à combattre maintenant pour faire valoir nos droits ?

Le conflit avec M. Bates et son comité n'est-il pas une conséquence de la création de ce pouvoir ? Si dès le commencement on avait fait opposition à la politique de MacHenry, son entente avec le comité Conybeare, ainsi que la création du soi-disant comité officiel, n'auraient jamais eu lieu; les choses seraient très-probablement restées dans le *statu quo* jusqu'à l'arrivée de Hodgskin, qui aurait alors très-facilement eu raison du comité Conybeare et de tous les intéressés associés ou séparés. Les relations dangereuses de Bates avec nos amis n'auraient peut-être jamais été établies, car en ce cas, qui donc aurait payé le voyage de Bates ? M. Nœtzlin croit que ces réflexions suffisent pour prouver qu'il avait raison d'admettre qu'une fois la guerre déclarée par Hodgskin, notre représentant, la politique du passé devait être abandonnée.

Revenant à la discussion de sa proposition d'écrire à Cleveland pour mettre le referendum de notre proposition entre les mains de Meyer, M. Nœtzlin croit avoir clairement dit dans une de ses dépêches qu'il ne voulait se servir de Meyer que comme expert dans la cause pour suggérer aux partis combattants une base de compromis. Mais jamais il n'a voulu proposer Meyer comme arbitre chargé de donner la solution finale. La reconnaissance de nos créances renferme des complications légales qui, mises au grand jour à New-York, demanderaient une solution par les Cours, ce que nous voulons justement éviter ; ce n'est qu'à Londres qu'on peut passer arbitrairement sur de pareilles questions sans éveiller les clameurs publiques. De plus, ces décisions auraient toujours besoin d'être ratifiées par les gens représentant les bondholders anglais.

M. Nœtzlin ne voulait donc que faire un pas, c'est-à-dire s'adresser officiellement à l'Executive Committee dans le but de le brouiller avec Meyer à cause du rejet de sa juste proposition, ou de paralyser l'effet des résolutions prises par le comité Bates, et qui ne sont pas encore connues dans toute leur portée. Bissel, Hegewisch et M. Nœtzlin ont tous considéré ces résolutions comme une mauvaise chose, tandis que nous nous joignons à ce Comité pour obtenir de nos ennemis (Adams, Devereux et Hitchcock) une suggestion de compromis ? Mais M. Nœtzlin a vu par les dépêches de Hodgskin que nous avons pris cela différemment, que nous considérons ces résolutions comme un heureux résultat que nous ne voudrions pas compromettre. De plus, il voit clairement que Hodgskin a dû s'engager à ne pas faire un pas avant que ces résolutions fussent prises. Quoique Bissel, Hegewisch et M. Nœtzlin ne s'expliquent pas bien ces réserves, ils adoptent les vues de Hodgskin, et M. Nœtzlin s'est abstenu de toute démarche officielle. Il s'est risqué à interpréter la permission de Meyer de le proposer, comme une offre émanée de lui-même, et a adressé une lettre confidentielle à Adams personnellement. Il est plus que probable que cette lettre n'aura jamais l'effet que M. Nœtzlin espérait d'une démarche officielle ; Adams enverra tout au plus une réponse évasive en attendant l'arrivée de Lewis, qu'il sait prochaine. Cette lettre aura cependant un bon effet pour l'avenir, parce qu'elle établit nettement notre désir de nous entendre à l'amiable sur une juste base, tandis que toutes les communications de ces Messieurs de Cleveland tendent à traiter le Rolling-Stock avec indifférence et à les soustraire à une tentation sérieuse de compromis.

Meyer n'était pas satisfait de la tournure que M. Nœtzlin avait donnée à sa lettre ; il ne veut naturellement avoir aucune responsabilité. Il a passé outre et a montré à M. Nœtzlin copie d'une lettre qu'il a écrite de son chef samedi dernier, après avoir vu Bissel pour la seconde fois. Il y indique à Adams les lois sur lesquelles nous nous basons, et lui montre combien il est dans leur intérêt de faire au plus tôt un compromis. Adams lui a répondu depuis qu'il n'a pas le temps ni la mission d'examiner les points soulevés, mais qu'il a toujours recommandé un compromis pour les questions générales. Meyer a dit alors à M. Nœtzlin que Adams répondra toujours ainsi à n'importe quelle proposition et que le meilleur moyen de le forcer à parler d'une manière moins vague serait de lui en faire donner l'ordre par les gens qui en ont le droit, c'est-à-dire en nous adressant à Londres. Meyer recommande donc de nouveau d'envoyer l'opinion écrite de Bissel à Morris. Avant de suivre ce conseil, nous pouvons toujours voir quelles sont les intentions et comment est le caractère de Lewis, qui doit arriver très-prochainement. Nous avons quelqu'un au Dock pour le surveiller depuis son arrivée, et comme c'est aujourd'hui jour de fête et que les bureaux sont fermés, Hegewisch, comme représentant de Hodgskin, avec lequel il a dû être en relations, ira lui rendre visite.

(Lettre du 25 novembre, pages 397 à 401.)

M. Nœtzlin a reçu la réponse d'Adams, qui dit qu'il a besoin d'une semaine au moins pour être à même de discuter avec Bissel ;

pourtant il s'était permis tout le temps d'émettre comme avocat des opinions sur le mérite de nos créances. De plus, il déclare hautement n'avoir rien à faire avec toute la réorganisation ni avec l'arrangement des anciennes créances ; il n'y est pas plus intéressé que le receiver et le board. Il donne cette responsabilité à Taylor et Dumphy, deux commis de Barlow, et aux bondholders de Londres. Finalement il reconnaît Meyer comme le meilleur rapporteur (referee), ce qui ne peut pas nous faire de tort.

M. Nœtzlin garde l'original de cette lettre par devers lui pour le montrer à Lewis, que ces subterfuges et agissements de mauvaise foi devront, s'il est un honnête homme, influencer en notre faveur.

(Lettre du 27 novembre, page 404 à 407.)

Hegewisch a vu hier soir Lewis, qui l'a reçu très-froidement, et ce matin, ils ont eu une entrevue d'affaires. Lewis prétend absolument ne rien savoir, ne connaître personne et n'être venu que pour les II Leased Lines, dont il doit être le Trustee à la place de Blake. Cette ignorance ne paraît pas sincère à M. Nœtzlin, attendu que Lewis avait, lors de la visite de Hegewish, trois dépêches transatlantiques sur sa table.

Hegewisch a communiqué à M. Nœtzlin une lettre d'Adams, relatant des résolutions prises avant-hier par l'Executive Committee, en réponse à deux dépêches de Londres, l'une des réorganisations Trustees, 5, Westminster Chambers, représentant la majorité des bondholders, et l'autre de Bates à Devereux, appuyant la première dépêche et demandant que les résolutions annulant l'emploi de Woodman soient immédiatement révoquées et que Woodman soit réintégré dans ses anciennes fonctions. Les gens de Cleveland ont paru être aussi étonnés que Hegewish et M. Nœtzlin, et Adams a communiqué la copie de la lettre qu'il a écrite à Bates pour le rendre responsable de cet acte. Cependant, au milieu de la frayeur générale, on a satisfait au désir des Trustees et annulé les résolutions visées par le télégramme ci-dessus, sans s'inquiéter de la personne qui a pu envoyer cette dépêche et sans savoir si ces Trustees représentaient bien la majorité des bondholdhers ou non ! Ne peut-on donc pas en finir avec MacHenry ? faudra-t-il donc toujours se faire faire la loi par lui ? Il paraît que Bates n'est pas plus scrupuleux que tous les autres ; il se fait acheter. M. Nœtzlin espère que cela nous décidera à prendre des mesures rigoureuses contre MacHenry. Autrement, il ne nous resterait plus d'autre alternative que celle de demander à la Cour un arrêt de sursis contre la réorganisation de l'Atlantic and Great Western tant qu'il n'aurait pas été fait droit à notre créance.

(Lettre du 27 novembre, pages 408 à 410.)

M. Nœtzlin nous a demandé par télégraphe si Bates, qui a joué un rôle si prépondérant dans l'affaire des résolutions du Comité exécutif, et qui par le fait a décidé de toute l'attitude prise par Cleveland, a été dupé ou acheté par MacHenry, car il paraissait inexplicable à M. Nœtzlin que cet homme, qui avait toujours été contre MacHenry, se fût rallié soudainement au parti de ce dernier, sans que nous en eussions connaissance. Si Bates était la dupe de MacHenry, en ajoutant foi à ses promesses, nous aurions dû le voir immédiatement à sa fureur causée par le départ de Woodmann. M. Nœtzlin s'étonne qu'on ne lui ait pas répondu à sa question.

Quant à l'Assemblée, que nous l'avons chargée de faire ajourner, si possible, M. Nœtzlin croit, pour plusieurs raisons, que cela ne lui sera pas bien difficile : d'abord, parce que les Messieurs de Cleveland paraissent la voir d'un aussi mauvais œil que nous (si du moins on peut prêter foi à leurs paroles), puis parce que la loi et les Statuts de l'Atlantic and Great Western exigent la publication de la convocation d'une Assemblée générale ordinaire des stockholders *30 jours avant* la réunion de cette dernière. La date fixée d'abord était le 11 décembre, mais M. Nœtzlin croit, en s'appuyant sur ce dernier argument, pouvoir reculer les élections jusqu'en 1876.

Quant à l'opinion de M. Nœtzlin sur notre position légale, elle est toujours qu'aucune Cour ne prononcera, en équité, l'invalidité d'un Mortgage de 59 millions de dollars, sur lequel on a fait des affaires réelles depuis quatre ans. Mais, vu le défaut fondamental qui entache sa constitution, il serait de toute justice qu'une Cour impartiale reconnût à des créanciers qui ont contribué à fournir l'argent ou le matériel nécessaire pour l'exploitation de la ligne (qui est d'utilité publique) un droit supérieur à celui de simples détenteurs de bonds. Meyer ne s'est jamais prononcé aussi nettement: mais M. Nœtzlin a vu combien il était frappé de l'argument de M. Bissel, argument dans lequel il a encore une plus grande confiance que M. Nœtzlin. Voulant avoir l'avis d'un autre homme compétent, M. Nœtzlin a demandé à Butler de se prononcer; mais ce dernier a encore refusé de dire quoi que ce soit; il ne parlera jamais sans l'autorisation expresse de Hodgskin, vis-à-vis duquel il s'est engagé à se taire. Ce silence obstiné a peut-être aussi pour raison le désir de ne pas voir triompher Hodgskin, actuellement l'ennemi des Bischoffsheim. La réussite des projets de Hodgskin ne pouvait guère profiter à la cause de Bischoffsheim et Goldschmidt, attendu qu'ils ont donné de l'argent pour payer les coupons des bonds soi-disant illégaux et rentreront tout au plus dans la catégorie des bondholders. D'un autre côté, le triomphe d'Hodgskin ne ferait que créer une nouvelle charge vis-à-vis du gage que les Bischoffsheim et Goldschmidt ont en mains.

M. Nœtzlin nous a en conséquence télégraphié que si nous tenons à l'opinion de Butler, il nous faudrait d'abord obtenir l'autorisation de Hodgskin; mais il comprend que cela n'ait pu nous convenir, cette demande d'autorisation ayant pu nous faire passer pour avoir des doutes sur l'esprit fin de Hodgskin. M. Nœtzlin nous a donc proposé de consulter Southmayd à la première occasion où il pourrait le faire sans blesser la grande susceptibilité de Butler, l'homme auquel on soumettra cette question pouvant, tôt ou tard, être appelé à donner un avis officiel à l'arbitre choisi, ou à négocier lui-même pour nous. M. Nœtzlin préfère Southmayd, qui est un homme non-seulement éminent, mais aimé partout, à Butler, qui est plutôt détesté à cause de ses manières repoussantes et hautaines. Plus d'une fois ces messieurs de Cleveland ont déclaré à M. Nœtzlin qu'ils n'entreraient jamais en discussion avec Butler, mais qu'ils verraient Southmayd avec plaisir.

M. Nœtzlin a eu avec Meyer un entretien dans lequel il lui a fait voir la correspondance avec Adams, etc. M. Nœtzlin n'a pas eu besoin de lui montrer toute la perfidie et toute la fausseté contenues dans ces documents. Meyer était indigné; il a fait voir à M. Nœtzlin les copies de ses dernières lettres à Cleveland, qui expliquaient clairement la nature de ses relations avec M. Nœtzlin et manifestaient son vif désir de voir que justice nous soit rendue.

En même temps, il recommande plusieurs modes d'arriver au compromis tant souhaité; mais, à M. Nœtzlin, il a donné le conseil sincère de ne pas perdre une minute à entreprendre des négociations, mais de s'appuyer sur notre bon droit, d'aller demander justice aux Cours, et de frapper coup sur coup; « alors, au lieu de courir après eux, on viendra nous chercher. »

M. Nœtzlin partage absolument ces sentiments et avait déjà prié Bissell de préparer tous les papiers pour être prêt à tout instant à attaquer les réorganisateurs de Londres, quels qu'ils soient.

La manière la plus efficace serait une « *injunction* » contre la vente sous foreclosure. Mais elle sera difficile à obtenir. Bissell s'y prépare, et ne serait pas étonné de voir qu'on nous la refusât; mais il reste un autre moyen : déposer une note à la Cour, tendant à ce que la vente ne s'accomplisse que sujette à *litigation* avec nous. Mais tout cela sera fort long, et M. Nœtzlin n'agira pas plus sans notre assentiment, en cette occasion, qu'il ne l'a fait pour les résolutions de Cleveland, qui résultaient clairement des dépêches de la Banque comme des siennes.

La révocation de ces résolutions a été fêtée à New-York par nos adversaires, et regardée par tous les intéressés comme un grand triomphe de Me Henry; on l'a nommée « l'anéantissement » définitif de Hodgskin; le reporter de la *New-York Tribune*, qui nous est pourtant assez favorable, s'est exprimé en ce sens à M. Nœtzlin; combien il est regrettable que le véritable sens de ces résolutions n'ait pas été compris, et que Hodgskin n'ait pu empêcher leur révocation!

En dehors des cours, nous ne pouvons plus maintenant compter que sur Lewis et sur son influence; mais M. Nœtzlin n'apprend pas grand'chose de bon sur son compte : ce serait un parvenu d'un caractère douteux; M. Nœtzlin le tient de bonne source. Peut-être, cette qualité de parvenu le poussera-t-elle à se distinguer dans cette affaire? Il est regrettable de n'avoir pas plus de détails sur son compte.

Hier après midi, Lewis est enfin arrivé au Rolling Stock; sa première visite a été naturellement pour Barlow, avec lequel il a passé toute la journée du lundi. Il venait donc déjà prévenu contre nous, mais pourtant ne demandant qu'à écouter. Étaient présents : MM. Bissell, Hegewisch et Nœtzlin. La discussion roula d'abord sur la position générale et les derniers incidents à Londres; en peu de mots, M. Nœtzlin en apprit ainsi plus long qu'en beaucoup de lettres : que, d'après la Banque et Hodgskin, le pouvoir de M[c] Henry était brisé, et la coopération de gens influents à New-York contre lui, désormais inutile; M. Lewis, au contraire, raconte que M[c] Henry seul possède des capitaux; que c'est lui qui, gratuitement, a mis à la disposition des trustees, bureaux et employés; que, sans lui, ils n'auraient pas eu un « cent » pour payer les frais; et que M[c] Henry possède toutes les adresses des bondholders, ainsi que leurs adhésions à sa réorganisation. Hodgskin ignorait-il tout cela, ou le cachait-il à dessein? Bien certainement, cela explique l'attitude de ces personnages, et la révocation des résolutions.

Lewis est, dit-il, le seul qui ait un peu soutenu Hodgskin dans sa lutte contre Mc Henry, qu'il paraît détester personnellement; c'est lui qui n'a accepté la position de trustee des Leated Lines qu'à la condition du retrait de Blake comme Reorganisation trustee. — Il avouait aussi que tous ces messieurs de Londres ne se doutaient pas encore de la façon dont l'Ohio serait remboursé. — Si nous ne procédons pas légalement devant les cours, il nous reste donc toujours l'alternative d'achat d'une majorité de ces bonds, pour pouvoir dicter un compromis; c'est ce que Meyer conseille fortement.

Si les négociations sont abandonnées pour le moment, et que la Banque est décidée à empêcher judiciairement la vente sous foreclosure, et la réorganisation du chemin, il faudrait qu'elle agît, dans le cas où le Rolling Stock ne pourrait pas obtenir une injunction, le jugement à ce sujet n'étant pas encore rendu. Il y aurait alors deux partis à prendre : demander pour notre créance un jugement, en laissant tout à fait de côté la question des bonds déposés en nantissement, et en nous réservant de les rendre après règlement de notre créance, ou bien, nous opposer directement à la vente en attaquant la validité des Mortgages, et en plaidant la seule légalité du nôtre. — De toute façon, nous subordonnons ainsi la vente à la décision de ces questions, décision qui demandera des années.

L'opinion écrite de Bissel a été ensuite soumise à Lewis, à l'effet de lui prouver la force de notre position légale. — Bissel avait réponse à toutes les objections qu'il soulevait, et l'impression que Lewis en ressentit a été, en somme, fort vive, quoiqu'il ne se soit pas prononcé, comme il est facile de l'imaginer. — Il prit rendez-vous avec Bissel pour ce matin, 1er décembre, à la « *Law-Library* », pour se convaincre lui-même de la teneur des lois en question, et ces messieurs y restèrent deux heures seuls ensemble. Bissel le croit convaincu, quoiqu'il n'ait toujours pas manifesté son opinion; il repart ce soir pour Toledo. Il est regrettable que M. Nœtzlin ait été obligé, sous peine de marquer de la défiance, de montrer à Lewis l'opinion écrite de Bissel; mais Lewis a promis qu'il n'en ferait usage que pour son instruction personnelle.

Meyer a montré à M. Nœtzlin une nouvelle lettre d'Adams; elle est aussi hypocrite que possible, et ne répond en rien à la lettre de Meyer. Adams n'y cherche qu'à définir sa position et celle du receiver, et essaie ainsi de restreindre, autant que possible, la part de responsabilité qu'ils ont dans les derniers actes. — Pourtant, dans les résolutions mêmes, l'action du receiver, communiquant une dépêche à Bates, est constatée. Meyer lui répondra, avec le plus de raideur possible, que sa conduite aura pour résultat de nous obliger à revendiquer nos droits devant les cours. La peur est le seul moyen d'influencer ces gens-là. Personne d'entre eux ne connaît à fond notre position légale; ils cherchent à nous intimider avec de gros mots; mais dès qu'on veut en arriver à une discussion sérieuse, ils s'éclipsent, parce qu'ils n'ont rien à répondre.

Aussi, lorsque ces messieurs de Cleveland viendront à New-York M. Nœtzlin n'ira-t-il pas le premier chez eux, mais attendra-t-il leur visite, et ne se prêtera-t-il à une entrevue que si ses désirs au sujet de l'Assemblée générale sont écoutés.

Adams s'attache encore à démontrer dans sa lettre que les seules personnes qui ont voix au chapitre dans l'affaire de la Banque et du Rolling-Stock sont Taylor et Dumphy ou leur avocat, MacFarland, et c'est avec celui-ci que M. Nœtzlin devrait chercher à s'entendre. En théorie, c'est juste ; en pratique, c'est absurde : ce que nous combattons, c'est précisément la légalité du Mortgage Taylor et Dumphy, que MacFarland doit défendre de toutes ses forces; il ne pourra donc jamais recommander un compromis sur cette base.

(Lettre du 2 décembre, pages 412 et 428.)

Lewis est parti pour Cleveland, où on l'accable de prévenances. Son but est d'inspecter la ligne. Meyer ne demande pas mieux que d'être consulté par Watkin, Morris ou Hodgskin, et s'étonne de ce que ce dernier ne l'ait pas encore fait. La Banque devrait le lui faire entendre.

Il est fâcheux que Lewis n'ait pas vu Meyer avant son départ ; à son retour, une entrevue aura lieu. Meyer dit avec raison que notre position légale ne doit pas être tenue secrète, mais publiée autant que possible, car, jusqu'ici, personne ne la connaît, et sa production pourrait être d'un grand effet.

En ce qui concerne cette position, M. Nœtzlin a eu avec Butler une conversation dont les résultats sont fort importants. Il s'y est traité surtout de la réponse à Hitchcock et des perplexités avec Bischoffsheim et Goldschmidt.

D'après cette conversation, il est heureux que la question n'ait pas été décidée à Paris par le Comité, comme M. Nœtzlin l'avait demandé. En effet, Butler lui a démontré clairement que cette réponse serait de notre part une grosse erreur, excepté dans le cas où nous voudrions faire valoir nos droits comme bondholders et par les Trustees sous le Mortgage. Hitchcock est nommé master dans un procès de foreclosure sous le « Consolidated Mortgage », représenté par Taylor et Dumphy, ou MacFarland, leur conseil; sa mission est donc d'examiner tout ce qui a trait à ce Mortgage; mais Butler affirme qu'au-delà de cette limite son pouvoir cesse et que les créanciers ne le regardent pas. Puisque nous préférons faire valoir plutôt notre qualité de créanciers que celle de bondholders, nous devons prendre, dans ce procès, une position indépendante. Bien plus, si nous attaquons plus tard la validité du Mortgage, et nous devrons le faire pour arriver à un compromis, nous nous trouverions en contradiction avec nous-mêmes, si nous faisons valoir notre droit sur ce même Mortgage par Hitchcock. Bissel et Tweed, le partner de Butler, n'avaient pas vu cet inconvénient, en conseillant à M. Nœtzlin de rédiger une réponse; c'est que Butler a plus sérieusement étudié la question; M. Nœtzlin consultera encore Hegewisch à ce sujet, et ne doute pas que celui-ci ne soit du même avis.

La deuxième observation que Butler a faite est peut-être aussi importante, et se rapporte à toute notre position. C'est que, pour profiter de l'argument de Hodgskin, qui consiste à baser notre réclamation sur ce que notre créance provient de « *supplies*, » il nous faut prouver (et nous ne pouvons faire tout cela qu'avec l'aide des Bischoffsheim), que dès juin 1872, c'est nous qui sommes les vrais contractants. C'est aussi là ce que nous entendions faire, mais il y a une objection : s'il en est ainsi, Bischoffsheim n'est plus qu'un agent, et nous, la partie contractante, nous sommes responsables des actions de notre agent, et par conséquent aussi des manœuvres plus ou moins avouables de ces Messieurs, en août et septembre 1873. — L'Atlantic and Great Western a déjà soulevé contre Bischoffsheim et Goldschmidt une réclamation à ce sujet, et cela sans avoir de preuves. Si nous démontrons que nous sommes les contractants en juin 1872, c'est nous qui endosserons cette réclamation. Si nous réussissons dans notre attaque contre la validité du mortgage, quelles que soient alors la nature et l'origine de notre créance, elle passera toujours devant un mortgage invalide. Mais ce succès est douteux, et l'attaque par la voie de l'origine de la créance, les « *supplies* » qui, d'après les lois, passent avant les mortgages, serait préférable. Dès lors, il faut présenter ces transactions sous un autre aspect : laisser Bischoffsheim et Goldschmidt paraître comme contractractants, leur attribuant la direction, la gestion, et par conséquent aussi la responsabilité de l'affairé, et nous présenter comme des co-participants qui, en décembre 1873, ont jugé plus prudent de diviser l'affaire entre les deux grands partners. Comme participants à l'affaire, nous pourrons nous prévaloir des droits qui proviennent de son origine, tout en laissant à ceux à qui elle incombe réellement la responsabilité de la gestion. D'ailleurs, les choses se sont en effet passées ainsi ; mais cette attitude est subordonnée au consentement de Bischoffsheim et Goldschmidt.

M. Nœtzlin demande donc à être fixé sur ces deux points. Faut-il répondre à Hitchcock ? Si on lui répond, faut-il parler de l'origine de la créance ? Il lui semble qu'on pourrait s'en tenir au strict nécessaire, et commencer l'historique de l'affaire en décembre 1873. — Il désire également savoir ce qu'est devenu le coupon au 1er septembre 1872, puisque la série commence au 1er mars 1873.

M. Nœtzlin considère comme une excellente nouvelle la disposition dans laquelle on se trouve à Londres, et que M. May lui a communiquée, de remettre la décision entre les mains de Lewis. Dès son retour, MM. Hegewisch et Bissel auront une entrevue avec lui. M. Nœtzlin s'abstiendra, à moins que M. Lewis ne le fasse demander ; ce dernier est très ombrageux, et verrait dans la présence de M. Nœtzlin une tentative de l'influencer. Mais M. Nœtzlin a donné à Hegewisch toutes les instructions possibles, et lui a recommandé, dans le cas où Lewis attacherait plus d'importance à la question des *supplies* qu'à celle de l'invalidité du mortgage, de prendre la position ci-dessus énoncée.

Hegewisch doit également tirer au clair la question des élections ; si le programme ne nous convient pas en tous points, nous ferons de l'opposition avec les pouvoirs envoyés par Shepherd, c'est-à-dire nous faisons d'abord remettre l'Assemblée à son terme légal avec avis antérieur de trente jours.

(Lettre du 9 décembre, pages 430 à 440.)

Puisque, d'après ce qui vient de se passer, il est impossible de compter sur un compromis venant de Lewis, que celui-ci est prévenu contre nous, et que nous avons maintenant à considérer notre position au point de vue légal, M. Nœtzlin désire nous soumettre quelques réflexions au sujet de notre position.

Deux voies se présentent pour plaider la priorité des créances Rolling-Stock et Banque Franco-Égyptienne. L'une tend à prouver que ces créances proviennent de « *supplies*, » qui, selon la lettre et le sens des lois générales de l'Ohio sur les chemins de fer, priment les dettes hypothécaires; l'autre s'attaque à la validité même de ces hypothèques, laissant de côté la question de l'origine des créances.

Si, par hasard, les bondholders et les défenseurs du consolidated-mortgage réussissaient à établir que, malgré la teneur du « Reorganisation-Certificate » de 1870, le mortgage a été créé, non pas en vertu de la loi de 1869, qui est elle-même un complément de la loi de 1867, mais en vertu des lois générales de l'Ohio, ainsi que Adams a essayé de le prouver à L. H. Meyer; dans ce cas, nous aurons à démontrer que nos créances proviennent de fournitures ou *supplies*. Celle du Rolling-Stock, considérée comme « *Labor supply* » et reconnue comme telle, précéderait alors le mortgage pour le montant qui sera adjugé au Rolling-Stock. Pour nous, ce qu'il nous faut prouver, c'est que nous sommes, en fait, des fournisseurs de rails.

M. Nœtzlin a déjà montré combien de difficultés nous rencontrerions en adoptant cette ligne de conduite. Ce qu'il faudrait avant tout, en ce cas, serait une parfaite entente avec Bischoffsheim et Goldschmidt, dont le témoignage serait d'un poids considérable. M. Nœtzlin a voulu consulter à ce sujet, et Butler ne lui ayant pas paru suffisamment impartial, il s'est adressé à Bissel par l'entremise d'Hegewisch, et envoie la réponse de ce dernier. Elle nous est très-favorable, mais

Bissel ne connaît pas assez les détails de la question pour que son jugement puisse être décisif; quant à Hitchcock, il est encore moins au courant que Bissel.

Passons à la seconde alternative; si nous sommes forcés de la prendre, une alliance étroite avec le Rolling Stock est nécessaire; voulant la même fin, nous aurions à employer les mêmes moyens. En cas de réussite, le résultat serait en effet identique pour les deux demandeurs : les Consolidated Mortgage bonds n'auraient plus aucune position dans l'organisation actuelle (celle de 1870), sauf les droits qui leur resteraient contre les Reorganization Trustees; la route appartiendrait au seul mortgage valide, celui de l'Ohio, après lesquels viendraient immédiatement les créanciers reconnus par la Compagnie ou la Cour; en dernier lieu, les actionnaires.

Selon la teneur verbale du contrat de réorganisation déposé chez le secrétaire d'État en Ohio, ce résultat doit être légalement atteint. La loi de 1869, sous laquelle la route a été réorganisée, permet l'émission de mortgages dans de certaines limites et pour de certains objets. Parmi ces objets vient se ranger indubitablement notre avance en *argent comptant*, pour la mise en œuvre du chemin, et sans que nous ayons même besoin de prouver l'emploi de l'argent en fournitures. Les mortgage bonds déposés entre nos mains en nantissement seraient alors les seuls valides, et nous prendrions place, *comme obligataires*, entre l'Ohio et les autres créanciers, y compris le Rolling Stock. Hodgskin n'ignore pas cette position : voilà pourquoi il a fait stipuler dans son contrat avec nous que le Rolling Stock primerait en tous cas la créance de la Banque, et voilà aussi pourquoi Bissel, comme avocat du Rolling Stock, est encore aujourd'hui si réservé avec nous qui, sans ce contrat, serions ses plus dangereux ennemis.

L'opinion de Bissel, qui se trouve maintenant entre les mains de la Banque, ne parle que de cette seconde alternative, c'est-à-dire de l'attaque à la validité des mortgages. Elle manque un peu de clarté, et peut-être Bissel a-t-il évité à dessein, pour les raisons qu'on vient de voir, d'être plus explicite. Dans le cas où cette opinion serait communiquée aux gens de Londres, elle aurait besoin de quelques commentaires destinés à faire ressortir la position avantageuse de la Banque.

M. Nœtzlin n'a vu Lewis que deux fois; à la première entrevue, Bissel était présent, et, comme il n'était question que de la valeur légale du mortgage, que, dans ce cas, la cause des deux créances est identique, M. Nœtzlin a laissé la parole aux deux avocats. La seconde fois, Lewis a paru étonné que la Banque élevât aussi une réclamation. Pour lui, la Banque a fait une avance de £80,000, couverte par des bonds, voilà tout. M. Nœtzlin lui a parlé là-dessus de l'emploi de l'argent en fournitures, et lui a, en peu de mots, expliqué la position de la Banque. Mais Lewis a fait depuis un voyage à Cleveland, où Devereux et Adams n'ont eu qu'à lui montrer la correspondance avec Bischoffsheim et Goldschmidt et notre contrat, où il n'est soufflé mot de fournitures, pour lui prouver que notre avance n'était qu'un prêt contre nantissement.

D'après les dernières dépèches, Lewis décide en faveur du Rolling Stock, et contre nous. Donc, il n'admet pas l'invalidité du mortgage qui nous mettrait tous deux sur le même pied. Effrayé des conséquences qu'entraînerait cette invalidité, il se base donc sur l'origine des créances. Comme tous les Anglais, il admet le Rolling Stock comme « *supplying labor* », et le range, par conséquent, avant les mortgages, où la loi le place; il nous refuse, au contraire, à nous, tout privilége, soit comme fournisseurs de rails, soit comme bailleurs de fonds dans ce but spécial. Mais cette décision n'est peut-être pas définitive : qui n'entend qu'une cloche, n'entend qu'un son, et au retour de Lewis, M. Nœtzlin espère ainsi le faire revenir sur ces idées, et surtout en faisant valoir d'autres considérations, comme notre aide matérielle pour une nouvelle réorganisation.

Si Lewis persiste au contraire dans son avis, la cause du Rolling Stock se sépare de celle de la Banque. Un compromis peut alors avoir lieu entre le Rolling Stock et les bondholders, tandis que nous aurions à continuer la lutte. Cette séparation ne serait qu'apparente, car Hodgskin, très-versé dans ces questions légales, restera toujours l'âme de notre attaque; mais ni lui, ni Bissel, ne pourraient paraître. D'ailleurs, notre cause et celle du Rolling Stock resteraient-elles même solidaires, qu'il nous faudrait cependant un avocat indépendant. Southmayd serait excellent, malheureusement il est associé de Butler, et nous ne pouvons employer la même maison que Bischoffsheim et Goldschmidt, ne sachant ce que l'avenir nous réserve de ce côté. Mais, Bissel étant toujours à Toledo, et mal placé pour nous bien tenir au courant, il nous faut absolument quelqu'un à Cleveland, et ce quelqu'un doit être une autorité.

Cette question, ainsi que celle de la représentation, doit être décidée d'accord avec Hodgskin et la Banque. Tant que M. Nœtzlin sera là, M. Hodgskin ne peut la représenter officiellement, sans enlever toute autorité à M. Nœtzlin, et nuire en même temps beaucoup à la considération de la Banque; de plus, cela mettrait Meyer dans une fausse position et nous priverait certainement de son appui. M. Nœtzlin attend donc le plus tôt possible la solution de cette question.

M. May demande combien d'actions Cleveland, Colombus, Cincinnati et Indianapolis, sont déposées contre Western Extension Bonds. Cette question doit être faite à la suite de la demande de M. Nœtzlin, de vérifier si les actions Cleveland, Colombus, Cincinnati et Indianapolis, sont aussi déposées à la Banque d'Angleterre contre les Western Extension certificates.

Cette émission exigerait un dépôt de 19,790 actions, c'est-à-dire 1,979,000 dollars contre 1,979,000 dollars certificats qu'on a émis. Quant à l'émission de Grant Brothers, c'est-à-dire des Bonds 7 0/0, M. Nœtzlin ne peut rien trouver là bas, les comptes n'ayant pas été reçus par l'Atlantic and Great Western, ou du moins, n'ayant pas été acceptés.

R n de neuf au sujet des élections.

(Lettre du 11 décembre, pages 442 à 453).

Woodman est à Cleveland, ainsi que Lewis et Hegewisch. Ces deux Messieurs ont eu ensemble une entrevue dont le résultat n'est pas encore connu.

Selon les nouvelles d'Hegewisch, Lewis découvre peu à peu son jeu : son plan personnel serait de favoriser avant tout le

Cleveland Mahoning; cet avis, venant de la part d'un First Leased Lines bondholder, et ce bondholder étant anglais, est d'un désintéressement fort naturel. Il nous importerait peu, d'ailleurs, si nous n'avions besoin de Lewis pour lutter contre MacHenry, qu'il déteste, et contre lequel il peut nous être très-utile.

Le seul personnage qui soit à surveiller maintenant est Woodman. La correspondance d'Hegewisch, que M. Nœtzlin nous envoie, montre clairement les dangers qui nous menacent à Cleveland.

Un changement dans la majorité du Board serait une grande défaite et livrerait la Compagnie aux mains de MacHenry. Il faut l'empêcher à tout prix; mais que faire? Si M. Nœtzlin retourne à Cleveland, on lui objectera qu'il agit encore sans autorisation, ce à quoi il ne veut pas s'exposer. M. Nœtzlin désire donc avoir des instructions précises, qu'il puisse montrer, au cas où des doutes s'élèveraient. Il n'y a que la peur pour faire marcher ces gens; il faut donc se montrer fort et armé.

M. Nœtzlin insiste encore sur la nécessité d'avoir un conseil à Cleveland, et de fixer sa situation officielle vis-à-vis de Hodgskin.

(Lettre du 14 décembre, pages 454 à 457.)

M. Nœtzlin a été fort satisfait de la dépêche par laquelle la Banque nie l'avoir désavoué; — si nécessaire, M. Hegewisch la montrera à Cleveland. — Mais on paraît avoir mal interprété, à Paris, la lettre d'Adams du 24 novembre. Etant invité par M. Nœtzlin à répondre à l'opinion de Bissel par une contre-opinion qu'il pût envoyer à Londres, il dit n'avoir pas qualité pour le faire, n'y étant pas requis par les personnes intéressées. — Il demande un *retainer* pour travailler; mais ce *retainer* ne pourrait venir que de la partie adverse, c'est-à-dire des bondholders anglais, pour nous combattre. Si la dépêche donnait à entendre à M. Nœtzlin de *retenir* Adams comme notre avocat pour défendre nos théories, conjointement avec Bissel, *pour* le Rolling Stock, c'est un projet inexécutable, puisque Adams représente déjà l'Ohio et que sa maison défend l'Atlantic and Great Western *contre* le Rolling Stock. M. Nœtzlin ne suppose pas que la Banque ait entendu vouloir corrompre Adams par un retainer, car elle ne lui a jamais proposé de pareils moyens, qui, d'ailleurs, ne réussiraient pas du tout auprès d'Adams.

Malgré ces raisons, M. Nœtzlin a parlé de cette affaire à Butler. Celui-ci a été tout à fait de son avis en ce qui concerne Adams; mais il a trouvé urgent pour nous de prendre un bon avocat à Cleveland. Il croit nécessaire qu'avant tout nous obtenions un jugement pour notre créance ; car il craint que, si le gros des bondholders découvre notre intention, plus ou moins cachée jusqu'ici, ils pourraient également obtenir des jugements contre leurs bonds non payés et venir ainsi en tête de notre créance. Butler paraissait se déboutonner enfin et parler sans méfiance; mais, en apprenant le prochain retour d'Hodgskin, il remit la discussion au jour où nous pourrions l'y joindre. Quoiqu'il en soit, son attitude, qui semble dénoter qu'il commence à reconnaître l'importance de la question, a été satisfaisante.

M. Nœtzlin a ensuite consulté M. Meyer sur la même question. Celui-ci crut d'abord qu'il ne serait pas impossible de retenir Adams pour nous dans de certaines limites, quoique sa maison soit en quelque sorte engagée contre nous. Il voulait qu'on lui écrivît clairement pour quel usage nous voulions employer Adams, et se chargerait alors de la négociation. Mais M. Nœtzlin n'eut pas de peine à convaincre Meyer que ces restrictions ne peuvent nous convenir, et que nous ne savons pas où ces procédés judiciaires peuvent nous mener ; qu'en un mot, il nous faut un homme absolument indépendant.

Meyer montra ensuite à M. Nœtzlin une lettre qu'il venait de recevoir d'Adams et qui était uniquement écrite à notre intention. M. Nœtzlin nous l'envoie ; elle traite un sujet qui n'intéresse Meyer en aucune façon et se passe de commentaires. On nous prie de venir en aide au Board actuel et de prendre l'initiative d'une opposition formelle à MacHenry. Ils sont tous opposés à des élections. Mais, à moins qu'une pétition ne leur soit adressée, ils n'osent pas prendre l'initiative de rejeter la demande de Woodman.

Hegewisch télégraphie en même temps qu'il a la promesse

formelle que les élections ne seront pas fixées avant soixante jours. Mais, à moins qu'on n'agisse énergiquement à Londres, à quoi ce délai servira-t-il ? Peut-être à amener à New-York MacHenry lui-même ! voilà tout !

Il faut donc préparer pour le meeting prochain, et en commun, une opposition formelle à MacHenry et à la convocation des élections. M. Nœtzlin attend la réponse télégraphique de la Banque pour consulter Butler afin que tout soit fait dans les termes légaux.

En ce qui concerne la position à Cleveland, M. Nœtzlin croit ne pouvoir mieux faire que nous envoyer la correspondance d'Hegewisch, qui en donne un aperçu très-complet.

(Lettres du 16 décembre, pages 458 — 646.)

Revenu de Cleveland, Hegewisch a parlé à M. Nœtzlin de l'effet produit par le prétendu désaveu des résolutions, signalé non-seulement par MacHenry et Bates, mais aussi par Morris. C'est, selon lui, la seule cause du triomphe de Woodman.

Il ne faut pas oublier la position délicate de Devereux vis-à-vis de MacHenry, ni les 100,000 dollars qu'il a reçus de celui-ci à la condition de ne pas lui faire d'opposition pendant un nombre d'années déterminé. Quoiqu'il ait, depuis, acquis la conviction qu'un honnête homme ne peut rester au service de MacHenry, il n'en est pas moins lié, et ne veut pas prendre l'initiative des hostilités contre lui. Lors de l'affaire des résolutions, M. Nœtzlin avait pris cette initiative, et avait de plus montré que Mac Henry marchait à sa ruine. Mais lorsque le bruit s'est répandu que M. Nœtzlin avait agi sans autorisation et était désavoué, Devereux s'est cru joué par lui ; il est immédiatement rentré sous le joug de MacHenry, entraînant à sa suite le Board, dont il fait ce qu'il veut; Adams seul lutte encore, tout en condamnant M. Nœtzlin.

La dépêche réhabilitant M. Nœtzlin est arrivée trop tard : l'effet était produit et c'est certainement bien regrettable, car on n'a pas compris à Paris que ces résolutions étaient le coup le plus habile et le plus fort qui ait jamais été frappé contre MacHenry et ses plans. Si les résolutions avaient été immédiatement confirmées, Bates n'aurait jamais osé intervenir et télégraphier en son nom à Devereux de les faire révoquer, car c'est lui seul et non les réorganisations trustees de Westminster Chambers qui ont obtenu cette révocation. Nous n'aurions plus à nous occuper d'assemblées, d'élections, etc.; et Lewis, à son retour, n'aurait plus qu'à achever la ruine de MacHenry.

Ce qu'il faut faire, maintenant, c'est réhabiliter à Cleveland l'autorité de M. Nœtzlin, et faire son possible pour empêcher les élections par MacHenry.

Pour atteindre le premier résultat, il faudrait obtenir de Morris et Bates qu'ils rétractassent eux-mêmes ce qu'ils ont écrit. Pour les élections, Butler, Hegewisch et Bissel, consultés, ont répondu qu'il n'y avait aucun moyen de les empêcher légalement. Les élections auront donc lieu en février, ainsi qu'on l'a promis à Hegewisch.

Ce matin, Devereux télégraphie que le meeting, convoqué pour aujourd'hui, est remis à mercredi prochain; ceci n'est probablement que pour la commodité de Woodman, qui n'aurait pu y assister aujourd'hui.

Que peut-on faire avant l'assemblée générale pour empêcher les élections? Toute tentative dans ce sens serait encore favorablement accueillie venant de nous, dit Adams. Il sait bien que nous n'avons pas de pouvoir par notre stock : c'est donc d'une pétition en masse de bondholders qu'il veut parler. Lewis pourrait nous aider pour atteindre ce résultat, et influencer également les réorganisation trustees; Bates se joindrait à lui ainsi que leurs bondholders; Balfour, Blake et les Stockholders nous combattraient. Il resterait alors au Board à choisir entre les deux camps.

Bischoffsheim devrait donner ses pouvoirs à Taaks en cas de besoin pour voter contre MacHenry. L'attitude de Butler, qui devient de jour en jour plus communicatif, permet à M. Nœtzlin d'espérer le concours de ce côté! Butler, en effet, vient bien maintenant regarder comme sérieux les arguments d'Hodgskin, et Bischoffsheim commence aussi à s'en occuper. Tout cela, rapproché de la défaite qu'ils viennent d'essuyer à la cour d'Akron, n'a rien d'étonnant.

Cet échec a ébranlé la confiance de Butler en son infaillibilité, et celle des Bischoffsheim en Butler. Il va donc falloir, ainsi que le montre le jugement que M. Nœtzlin nous envoie, que ces messieurs rendent compte de toutes leurs transactions, et, dans leur perplexité, ils ont plus que jamais besoin de nous. Voilà pourquoi Butler devient si aimable.

M. Nœtzlin a revu Lewis qui lui a clairement expliqué son opinion. Il prétend que la Compagnie a réorganisé sous le « General reorganisation statute of Ohio », quoique la teneur du certificat énonce le contraire. Avec ce statut, la création du Consolidated Mortgage devient admissible, mais il prescrit que tout jugement obtenu pour « *supply* ou *labor* » précède le mortgage. Sur cette base, Lewis admet que le Rolling Stock puisse avoir quelques droits; quant à la Banque, elle a simplement avancé de l'argent et n'a pas fourni de rails; et quand même notre argent aurait été employé dans ce but, la loi ne pourrait jamais être étendue jusqu'à couvrir les bailleurs de fonds.

C'est seulement avec l'aide de Bischoffsheim et Goldschmidt que, au cas où nous échouerions contre la validité du mortgage, nous pourrions réfuter cet argument. Quoi qu'il en soit, M. Nœtzlin a bravement répondu que Bischoffsheim et Goldschmidt ont acheté et fourni les rails en vertu d'un contrat, et que nous étions les associés de Bischoffsheim et Goldschmidt dans cette affaire dont ils n'avaient que la gestion; que, par conséquent, nos droits étaient réservés.

Ces discussions n'empêchent pas MM. Lewis et Nœtzlin d'être unis lorsqu'il s'agit de combattre MacHenry. Lewis veut s'en débarrasser dès son retour, et probablement émettre alors un nouveau scheme. A l'objection que l'échéance des Ohios pourrait bien venir le surprendre avant que son plan soit réalisé, il répondit qu'il avait bien étudié la question et que les Ohios n'étaient pas si terribles qu'on les faisait. Mais M. Nœtzlin croit qu'il n'a dit cela que parce qu'il le sait fort lié avec Meyer, et veut l'empêcher de compter sur l'influence de ses bonds.

M. Nœtzlin croit Lewis effrayé du montant de notre créance, plutôt que convaincu de son inanité. Il veut diminuer nos prétentions, et amener un compromis. — Mais en tous cas, c'est un futur allié contreMac Henry.

(Lettre du 18 décembre 1875, pages 1 - 11, (2e volume.)

Le meeting qui devait fixer la date des élections est indéfiniment ajourné.

Il avait d'abord été remis au 22, à la requête de Barlow, qui avait le droit de l'exiger, puisque son nom figure sur les proxies de Woodman.

Hegewisch a renouvelé sa protestation contre les élections, et a demandé de nouveau 60 jours de délai. — Lewis, de son côté, a été chez Barlow; ces démarches ont amené le résultat déjà mentionné.

Otis, Partner d'Adams, a remplacé Upson dans le board et le comité exécutif : cela s'est fait à l'insu de Woodman et Barlow. Otis s'est retiré, parce que MacHenry et sa suite l'ont accusé d'avoir agi de connivence avec Meyer et nous, lors des premières résolutions, et que les Trustees et Bondholders y ont ajouté foi. — L'incident n'a, du reste, aucune portée.

M. Nœtzlin n'a pas montré à Devereux et Adams la dépêche de la Banque montrant l'attitude hostile qu'elle est décidée à prendre, craignant de nous les aliéner. La première démarche que nous aurons probablement à faire devant la Cour, sera la demande d'un jugement, et pour cela, nous aurons besoin d'eux. Dans tous les cas, leur hostilité peut nous gêner beaucoup : ils peuvent très-facilement nous associer à Bischoffsheim, même si nous ne demandons un jugement qu'en vertu du contrat de décembre 1873, et, en ce cas, on nous fera attendre longtemps.

Lewis dit s'être amicalement arrangé avec les administrateurs des second leased Lines, ou plutôt du Shenango; il trouve aussi qu'ils marchent fort bien et qu'il n'y a aucun inconvénient à les laisser au pouvoir.

Butler trouve bien des points discutables dans l'opinion de Bissel;

il attend l'arrivée d'Hodgskin pour se prononcer définitivement ; mais il ne veut le faire que sous toutes réserves. L'issue du procès d'Akron lui a montré, en effet, que les hommes de loi de Ohio ne sont pas toujours de son avis.

M. Nœtzlin croit que Butler considère notre position légale plutôt comme pouvant gêner beaucoup et peut-être même empêcher tout à fait le procès de forclusion, que comme forte par elle-même — Cette forclusion serait très-dangereuse pour la créance de Bischoffsheim : de là le soupçon qu'il ne nous pousse à l'action que pour sauver les Bischoffsheim. — Ce n'est, du reste, pas là une raison pour que nous n'agissions pas ; car ce qui leur profiterait nous profiterait dans la même mesure; notre procès, quand il ne devrait même pas avoir d'autre résultat, retarderait indéfiniment celui de la forclusion, et on sera bien forcé alors, le jour où l'échéance des Ohios menacera de renverser tout l'édifice de la réorganisation, de venir nous trouver avec des propositions acceptables. — Si on ne nous les fait pas, il nous reste toujours le moyen d'agir avec et par le Ohio, car nous sommes le seul des partis en présence qui puisse satisfaire ces Bondholders, et par conséquent, combiner notre action avec la leur. MacHenry sait fort bien tout cela; aussi pousse-t-il de toutes ses forces le procès en forclusion.

Butler demande une traduction de la partie du mémoire Crémieu, traitant de l'avance Atlantic and Great Western, depuis le commencement jusqu'en février 1874. Il dit en avoir besoin pour résoudre la question de notre responsabilité dans les transactions de Bischoffsheim. M. Nœtzlin croit nécessaire de fournir ce document, mais ne veut le faire qu'avec notre autorisation.

(Lettre du 23 décembre, pages 11 à 16.)

Hodgskin est revenu après quinze jours et demi de traversée, par un temps horrible. En même temps est arrivée à New-York notre dépêche, annonçant qu'une nouvelle demande a été faite au Stock Exchange pour l'admission à la cote des certificats de réorganisation, et qu'on a mis nos II^d Mortgage bonds parmi les adhérents.

M. Nœtzlin ne peut guère s'assurer directement de la connivence de l'Atlantic and Great Western à cette mesure. Mais tout le monde à New-York s'accorde à dire qu'il ne s'y trouve personne d'assez audacieux pour faire pareille chose. Ne pas se compromettre est toujours la devise de Cleveland. Devereux ne donne son concours à MacHenry que lorsqu'il peut le faire sans que personne ne le sache, mais il a bien trop peur de notre prétendue alliance avec les Ohios pour oser nous attaquer ouvertement. Voilà ce que M. Nœtzlin nous télégraphie en substance.

C'est évidemment MacHenry qui est le promoteur de cette mesure prise par les Trustees, et, comme toujours, il a su mettre les apparences de son côté. En effet, les bonds que la Banque tient en dépôt et dont elle ne s'est pas déclarée propriétaire, peuvent être considérés comme appartenant à la Compagnie par la même raison que la Compagnie n'en a jamais payé les coupons. Il peut vouloir, en se servant de cet argument, ou bien augmenter simplement le nombre de ses dépôts, ou bien nous compromettre en nous amenant à en déclarer le droit de propriétaire. N'est-ce pas un piége, en vue des procédures légales qui vont commencer ? M. Nœtzlin est moins bien placé que nous pour décider la question.

Après avoir été d'abord très-froid envers Hodgskin, Lewis est devenu plus aimable à mesure qu'il a mieux connu les droits du Rolling Stock. Il s'est empressé d'aller le voir, et lui a fait, de suite, une proposition de compromis sur la base du paiement de 50,000 livres sterling espèces, et 50,000 livres en nouveaux I[st], II[d] et III[d] Mortgage bonds : cela équivaudrait à environ 300,000 dollars. Comme Hodgskin persiste à demander un million de dollars en « Prior Lien bonds », ils se sont séparés assez mécontents l'un de l'autre.

Lewis a vu également MM. Nœtzlin et Meyer, mais leur conversation n'a roulé que sur des banalités, et n'a pas eu de portée.

Ce qui occupe le plus M. Nœtzlin, ce sont ses conversations avec Hodgskin, conversations qui lui en apprennent plus long que des volumes de correspondance. Il voit que, quant au fond, en ce qui concerne la politique ferme et décidée à suivre, nous sommes d'accord, et les petits malentendus qui naissent forcément du laconisme de notre correspondance, sont éclairés. M. Nœtzlin voit aussi que toutes les difficultés qu'Hodgskin a rencontrées n'ont pas calmé son ardeur ; et, surtout en ce qui concerne notre créance, M. Nœtzlin devra jouer auprès de lui le rôle de modérateur ; que la déconvenue de Butler, qui pourtant ne pèche pas par excès de confiance, dans le procès de Bischoffsheim et Goldschmidt contre l'Atlantic and Great Western, nous serve de leçon.

Pour rectifier un peu les idées de Hodgskin sur notre créance, M. Nœtzlin devra lui montrer le mémoire Crémieu jusqu'à 1874. Mais ce document ne pourra nous servir autrement, son but étant de prouver que Bischoffsheim et Goldschmidt n'étaient que nos agents, et notre tactique ayant complétement changé depuis.

Il y a eu également entrevue entre Hodgskin et Meyer, et M. Nœtzlin y assistait. Meyer a insisté sur les avantages que nous aurions à acheter les Ohio bonds, d'autant plus que nos adversaires, et Lewis tout le premier, conviennent qu'ils ne savent encore comment ils s'en débarrasseront. Depuis, il a trouvé, dans le contrat d'Œwel, une clause stipulant qu'on pouvait acheter les bonds mêmes formant le dépôt, au lieu des certificats. Ainsi, l'objection des frais énormes à payer à Amsterdam pour convertir les certificats hollandais qu'on achèterait sur le marché en bonds originaux déposés, qui sont seuls valables en Amérique, disparaît. On pourrait acheter les bonds en bloc au Comité Wertheim et Œwel, et retirer les certificats. Meyer a de plus ajouté que ces messieurs d'Amsterdam sont un peu effrayés de ce que leurs bonds peuvent être remboursés en « currency », et qu'ils seraient par conséquent très-sensibles à l'offre d'un prix calculé en or. Hodgskin fit alors observer à Meyer que les certificats du « Receiver », dont il a une forte quantité entre les mains, pouvaient devenir, d'ici en octobre 1876, une lourde charge pour les Ohios ; que par conséquent il a tout intérêt à marcher avec nous, quand même nous ne nous rendrions pas acquéreurs. L'argument n'est pas mauvais, mais il ne faut pas trop y compter, car les affaires de l'Atlantic and Great Western vont beaucoup mieux, et il se peut fort bien qu'en octobre 1876, les certificats, au lieu d'avoir augmenté, soient tous remboursés.

Il a été ensuite question du Westshore. Hodgskin a confirmé M. Nœtzlin dans l'idée, qu'il a déjà émise autrefois, que ce serait peut-être là le moyen d'atteindre un double but : créer à New-York, Boston et Montreal une connexion excellente et indépendante, et arriver à une entente avec les bondholders de l'Ohio. D'après M. Hodgskin, nous aurions, en effet, maintenant l'idée de nous servir du Westshore comme d'un trait d'union; pourtant, lorsqu'il (M. Nœtzlin) souleva le premier cette question, on lui répondit que l'animosité était trop grande à Paris contre les Hollandais, pour qu'une conciliation fût possible, et qu'au contraire l'attitude du groupe français ne pourrait que nous aliéner les Hollandais. Les circonstances ont donc changé ? M. Nœtzlin a offert, dans le temps, de s'entendre à New-York avec Smithers et son groupe pour amener les deux résultats dont il a parlé.

MM. Hodgskin et Nœtzlin ont été voir M. Butler, qui aurait bien voulu les faire causer, mais ils se sont tenus sur la réserve, ne voulant rien dire ni faire avant d'avoir nos instructions. Enfin, Hodgskin s'est rendu chez Barlow, et, après une explication assez vive, l'a amené à avouer combien ses malheureuses relations avec MacHenry lui avaient attiré de désagréments, et combien il regrettait de s'être engagé dans cette voie.

(Lettre du 30 décembre 1875, pages 19 à 29.)

IMPRIMERIE CENTRALE DES CHEMINS DE FER. — A. CHAIX ET Cie, RUE BERGÈRE, 20, A PARIS. — 507-6.

www.ingramcontent.com/pod-product-compliance
Ingram Content Group UK Ltd.
Pitfield, Milton Keynes, MK11 3LW, UK
UKHW021158220726
13924UKWH00003B/1201